**지구가 더워져서
판다가 많이 아파?**

지구가 더워져서 판다가 많이 아파?

신인철 글 | 박보은 그림

다정한시민

• 차례 •

프롤로그   6

1 노래 부르는 바다의 시인
혹등고래   8
🐋 혹등고래와 크릴새우는 왜 자꾸 줄어들어?   22

2 해빙이 줄어들어 위태로운 삶
북극곰   24
🐻‍❄️ 북극곰을 먹이가 많은 남극으로 보내면 어떨까?   36

3 산불과 서식지 파괴의 희생양
코알라   38
🐨 유칼립투스잎은 왜 큰 산불을 일으킬까?   52

4 땀샘이 없어 더위에 더 취약해
북부흰코뿔소   54
🦏 북부흰코뿔소가 2마리만 남은 이유는 뭘까?   62

5 맹그로브 숲의 생존자
벵골호랑이   64
🐯 벵골호랑이와 시베리아호랑이, 누가 더 힘들까?   78

6 기온이 올라 너무 고달파
아메리카악어
80

　어린 아메리카악어는 과연 살아남을 수 있을까?　92

7 해파리 찾아 삼만 리
장수거북
94

　장수해서 장수거북이라 불리는 게 아니라고?　106

8 아빠의 사랑으로 유명한 남극의 신사
황제펭귄
108

　해빙이 녹아 아기 펭귄 1만 마리가 죽었다고?　122

9 긴 팔과 붉은 털을 가진 유인원
오랑우탄
124

　오랑우탄이 살아남기 힘든 이유는 뭘까?　136

10 대나무를 맛있게 먹는 인기 스타
판다
138

　지구가 더워져서 판다가 많이 아프다고?　150

• 프롤로그 •

　최근 '기후 위기' 또는 '기후 변화'라는 말을 점점 더 많이 들을 수 있습니다. 불과 5~6년 전만 해도 주변의 친지들 가운데 '기후 변화'를 믿지 않는 사람들이 꽤 있었어요. 기후 변화에 관한 이야기가 나오면 "에이, 기후 변화는 그냥 몇몇 과학자들이 검증도 안 된 이론을 만들어 내어서 마치 특정 종교처럼 믿는 그런 개념이잖아?"라고 말하는 사람들이 꽤 많았지요. 하지만 최근에 겪게 된 여러 이상 기후를 목격한 후 많은 지인들이 기후 변화가 단순한 이론이 아니라 '실제로 일어나고 있는 일'이라고 믿게 되었습니다.

　최근에는 호우 피해가 특히 극심하지요. 기후 변화 때문에 일어나는 호우 피해는 일부 지역에 국한된 것일까요? 그렇지 않습니다. 시간이 걸리겠지만 지형적 취약성을 지닌 상습 침수 지역의 피해는 하수로 보수 등 도시 인프라를 개선함으로써 어느 정도 예방할 수 있어요. 그렇다면 우리가 직접 느끼지 못하는 기후 변화에 의한 더 큰 변화는 어디에서 나타날까요? 네, 맞습니다. 바로 지구 생태계에서 일어나고 있어요. 지구 생태계의 구성원은 기후 변화 때문에 너무나 심각한 영향을 받고 있습니다. 촘촘한

그물코처럼 서로 맞물려서 영향을 주고받는 생태계 구성원들의 경우에는 어느 한쪽의 균형이 무너지면 지구 반대편에 존재하는 다른 구성원들에게까지 악영향을 끼칠 수 있어요.

지구는 지금 '6번째 대멸종 시대'를 겪고 있습니다. 인간의 활동으로 발생한 기후 위기가 야생의 생태계를 집어삼키며, 하루 평균 수십 종의 생물이 영원히 사라지고 있지요. 북극의 해빙 위에서 굶주리는 북극곰, 산호 백화로 죽어 가는 열대 산호초, 호주 산불의 잿더미 속에서 신음하는 코알라까지 이들은 모두 기후 위기가 초래한 생태계 붕괴의 상징적 희생자입니다.

과학자들은 2030년까지 지구 평균 기온이 산업화 이전보다 1.5도를 넘어서면 지구 생물종의 14%가 멸종 위기에 처할 것이라 경고합니다. 이는 단순히 몇 종의 멸종이 아니고 먹이사슬의 단절, 식물의 꽃가루받이 과정 붕괴, 공기 중의 이산화 탄소 흡수원 상실이라는 연쇄적 재앙으로 이어지게 됩니다.

이 글을 통해 저는 기후 변화로 멸종 위기에 처한 동물 10종을 살펴보면서 생존의 사막을 헤매는 생명체들의 절규를 따라가 보고자 합니다. 기후 변화로 지구 생태계의 거대한 톱니바퀴가 하나씩 무너져 내리는 지금, 우리 인류는 어떤 미래를 선택할 것인지 빨리 결정해야 하기 때문입니다.

1

노래 부르는 바다의 시인
혹등고래

'기후 변화로 멸종 위기에 처한 동물' 하면 가장 먼저 어떤 동물이 떠오르나요? 21세기를 사는 사람들에게 이런 질문을 던진다면 아마 북극곰을 떠올릴 거예요. 점점 녹아 가는 작은 해빙 위에서 전전긍긍하며 어쩔 줄 모르는 북극곰의 안타까운 모습이 생생하지요? 이 장면은 TV 공익 광고에도 많이 등장하여 북극곰을 기후 변화로 위협받는 상징적인 동물로 만들었어요.

하지만 20세기 말 멸종 가능성으로 인해 많은 사람을 안타깝게 했던 동물은 바로 고래의 한 종류인 혹등고래입니다. 북극곰에 대해서는 잠시 뒤에 알아보도록 하고 우선 기후 변화가 혹등고래 집단에 미친 영향을 공부해 볼까요?

혹등고래는 수염고래과 혹등고래속에 속한 고래로 성체의 몸 길이가 15미터 정도인 대형 고래입니다. 큰 머리 뒷부분에 바로 붙어 있는 긴 가슴지느러미와 허리가 휜 듯한 독특한 체형을 가지고 있지요. 등 위에 혹 같은 등지느러미가 있어 혹등고래라는 이름을 얻게 되었어요.

혹등고래는 다른 대형 고래가 그렇듯이 크릴과 같은 작은 새우나 많은 양의 소형 물고기를 걸러 내 한 번에 삼킵니다. 이들은 먹이를 잡는 행동을 할 때도 개체들끼리 서로 협조하는 것으로 알려져 있어요. 많을 때는 100마리 이상의 혹등고래가 모여 숨구 혹등고래는 몸길이가 15미터 정도인 대형 고래예요.
등 위에 혹 같은 등지느러미가 있어 혹등고래라는 이름을 얻게 되었지요.

shutterstock ⓒDejan Lazarevic

멍에서 공기를 내뿜으며 나선형을 그리며 회전합니다. 거대한 공기 방울로 만든 거품 그물 안에 먹이 대상인 소형 물고기나 새우를 가두게 되지요. 거품 그물은 부력에 의해 상승하면서 이 안에 갇힌 먹이들도 수면으로 떠오르게 돼요. 이때를 놓치지 않고 혹등고래 무리는 일제히 수면으로 돌진하여 입을 벌려 먹이를 삼킵니다. 아주 재미있지요? 이들의 지능이 높고 사회성이 발달했다는 증거입니다.

shutterstock ⓒCathy Wither-Clarke

혹등고래는 지능이 높고 사회성이 발달했어요.
먹이를 잡는 행동을 할 때도 개체들끼리 서로 협조하고,
함정 사냥까지 하지요.
또 새로운 사냥 방법이 유행처럼 전파되기도 해요.

혹등고래의 높은 지능을 알 수 있는 또 다른 사냥 방법은 함정 사냥입니다. 사냥 대상인 청어의 개체 수가 감소해서 더 이상 거품 그물을 이용한 방법이 효율적이지 않자 개발된 방법이에요. 한두 마리의 혹등고래가 바다 표면에 떠올라 입을 벌린 채 부유하면 작은 물고기들이 혹등고래의 입안을 피난처로 착각하여 모여들게 됩니다. 혹등고래는 긴 가슴지느러미를 사용하여 먹이를 입안으로 밀어 넣지요. 수십 초간 그러한 상태를 유지한 후 충분한 먹이가 입안에 모여들었다고 판단되면 단숨에 삼킵니다.

더욱더 재미있는 사실은 이러한 새로운 섭식 방법이 혹등고래 무리 사이에서 유행처럼 전파되었다는 거예요. 2011년 캐나다 밴쿠버 근처의 섬에서 2마리가 이러한 사냥을 시작하였는데 10년 정도 지난 후 20마리 이상이 같은 방법으로 사냥하는 것이 관찰되었지요.

혹등고래는 환경과 먹이 밀도에 따라 여러 사냥 전략을 바꾸어 갑니다. 또한 똑같은 혹등고래 종이더라도 호주, 알래스카, 하와이에 서식하는 집단마다 서로 다른 사냥 방법을 가지고 있죠. 이러한 혹등고래 무리의 사냥 기술 확산과 진화, 지역 특화된 사냥 방법의 발달은 마치 인간만 가지고 있다는 사회적 학습과 문화의 진화를 떠올리게 합니다.

　혹등고래는 수컷이 부르는 노래로 유명합니다. 수컷 혹등고래는 5분에서 30분까지 노래를 합니다. 혹등고래의 노래를 우리 인간이 부르는 '노래'와 같다고 할 수 있는 이유가 충분히 있어요. 왜냐하면 독특한 멜로디가 있고, 이러한 멜로디가 그때그때 혹등고래의 기분에 따라 만들어지는 것이 아니라 일정한 길이의 노래가 계속해서 반복되기 때문입니다. 게다가 이 노래들은 서식 장소에 따라 서로 달라요. 마치 인간이 즐겨 듣는 대중음악이 유행에 따라 바뀌듯이 혹등고래의 노래도 해가 바뀌면서 점점 달라지기도 하고 한 지역의 무리에서 다른 지역의 무리로 유행이 넘어가기도 합니다.

　과연 혹등고래의 노래가 어떤 것인지 궁금하지요? 20세기와는 달리 인터넷 시대를 사는 우리는 혹등고래의 노래를 유튜브 등을 통해 쉽게 들을 수 있어요. 개나 늑대가 멀리서 울부짖는 소리 같기도 하고 아빠의 코 고는 소리 같은 노래도 있지요. 실제로 혹등고래의 노래는 미국의 생물 음향학자 로저 페인이 특수 장비를 이용해 녹음하여 1970년 〈혹등고래의 노래〉라는 제목의 음반으로 발매하였지요.

시장의 반응이 어땠을까요? 무려 10만 장 이상이 팔려서 환경과 관련된 음반 중 지금까지 최다 판매 기록을 가지고 있어요. 이 음반의 상업적 성공은 고래에 대한 인식을 바꿔 놓았어요. 단순히 기름을 얻기 위한 사냥 대상인 짐승이 아니라 나름대로 문화를 가지고 있는 지적 생명체라고 생각하게 되었죠. 음반 제작자 로저 페인은 각종 정부 행사에 참여하여 고래 남획 반대 운동을 펼쳤어요.

　혹등고래의 노래는 영화에도 등장합니다. 1986년 개봉한 〈스타 트렉〉 시리즈 극장판 4편 '귀환의 항로'에 혹등고래 관련 에피소드가 나와요. 23세기 미래의 지구는 외계에서 온 정체불명의 탐사선에서 발생하는 신호로 인해 지구의 모든 에너지가 흡수되고 지구의 환경이 파괴됩니다. 탐사선에서 보내오는 음향 신호가 혹등고래의 노래와 같다는 것을 파악한 주인공들은 시간 여행을 하여 20세기 지구로 돌아갑니다. 이들은 샌프란시스코 인근의 소살리토 수족관에 보호되어 있는 혹등고래를 우주선에 싣고 다시 23세기로 갑니다. 20세기 말에 혹등고래는 멸종하여 23세기 지구의 바다에는 없었기 때문이지요.

　23세기 바다에 풀려난 혹등고래가 탐사선에 노래 신호를 보내자 탐사선은 공격을 멈추고 우주 반대쪽으로 사라집니다. 지구는

1970년에 발매된 음반
<혹등고래의 노래> 표지예요.
무려 10만 장 이상이 팔려서
환경과 관련된 음반 중
최다 판매 기록을 가지고 있어요.

출처: 나무위키

생물학자 로저 페인은
고래 남획 반대 운동을 펼쳤고, 평생 고래를 연구했어요.

출처: Ocean Alliance

shutterstock ⓒWongymark1

시드니 북부 해변에서 혹등고래가 수면 위로 뛰어오르네요.
지구 온난화로 혹등고래의 먹이인 크릴새우가 줄어들어요.
이에 따라 혹등고래도 계속 감소하고 있어요.

평화를 되찾았지요. 다시 찾은 미래 지구의 파란 하늘을 배경으로 뛰어오르는 혹등고래의 모습이 무척 인상 깊었어요. 20세기 말 멸종 위기에 처한 혹등고래에 대한 대중의 관심이 어느 정도인지 충분히 알 수 있는 작품이었지요.

1960년대 추산으로 혹등고래는 전 세계에 약 5000마리 정도밖에 남지 않은 것으로 알려져서 큰 충격을 주었어요. 하지만 로저 페인을 비롯한 많은 사람의 노력으로 지금은 약 13만 마리 이상으로 늘어났다고 합니다. 그렇지만 아직도 국제자연보전연맹(IUCN)의 적색 리스트에 올라 있으므로 안심하기는 이릅니다.

그렇다면 혹등고래의 개체 수가 급격히 감소한 이유는 무엇일까요? 20세기 말에는 인간의 남획이 개체 수 감소의 가장 큰 이유였지만 고래잡이가 금지된 지금은 기후 변화가 더 큰 문제입니다. 특히 북태평양의 혹등고래는 2000년대 초반에서 2012년까지 두 배 이상 증가해 3만 마리 이상으로 늘었으나 지난 십 년간 다시 20%가 감소하여 2만 6천 마리 정도 남은 것으로 알려져 있어요. 더 이상 인간의 사냥으로 인해 혹등고래 개체 수가 줄어드는 것은 아니므로 이것은 기후 변화와 같은 환경의 영향으로

우리 후손들도 아름답고 오묘한
혹등고래의 노래를 계속 들을 수 있도록
함께 노력해요.

shutterstock ©Manuel Balesteri

볼 수밖에 없지요.

 실제로 기후 변화에 따른 해양 온난화로 2024년 북극해 해빙 면적은 20세기 말에 비해 40% 정도 감소하였어요. 극지의 해빙은 크릴새우 유생의 은신처이기 때문에 해빙의 양이 줄어들면 혹등고래의 먹이인 크릴새우의 개체 수가 줄어들 수밖에 없어요. 게다가 온실가스인 이산화 탄소가 대기에 증가하면 바닷물에 녹아 들어가 바다가 산성화됩니다. 산성화된 바다에서는 크릴새우의 유생이 제대로 발생할 수 없지요. 또한 전반적인 수온 상승으로 크릴새우의 주된 먹이가 되는 식물성 플랑크톤의 발생 시기가 크릴새우 유생의 부화 시기와 차이가 나는 것도 혹등고래 먹이 집단의 감소에 적지 않은 영향을 미칩니다.

 이 글을 쓰고 있는 지금 음악 스트리밍 앱을 이용해서 〈혹등고래의 노래〉 음반을 듣고 있어요. 대곡인 16분 31초짜리 '세 번의 고래 여행'이 재생되고 있어요. 너무나 신비한 노래입니다. 우리 후손에게도 이렇게 아름답고 오묘한 고래들의 노래를 계속 들려줄 수 있으면 좋겠습니다.

2

**해빙이 줄어들어
위태로운 삶
북극곰**

대부분의 사람들은 '기후 변화로 멸종 위기에 처한 동물' 하면 가장 먼저 북극곰을 떠올립니다. 여러분도 눈을 감고 북극곰을 상상해 보세요. 북극곰의 어떤 모습이 떠오르나요? 빨간 목도리를 두른 북극곰이 콜라를 마시고 있는 장면이 떠오르나요? 몸을 눕히기도 어려울 만큼 좁은 얼음덩어리, 녹아 가는 해빙 위에서 안절부절못하는 북극곰의 모습이 생각나나요?

북극곰을 주인공으로 한 콜라 회사 광고는 멸종 위기에 처한 북극곰과 이들이 겪는 환경 문제에 경각심을 불러일으키기 위한 목적으로 제작된 것이라고 합니다. 예전에 그 광고를 처음 봤을 때는 "왜 추운 북극의 북극곰이 차가운 콜라를 마시는 광고를 할까? 차라리 더운 열대 우림의 고릴라나 뜨겁게 햇볕이 쏟아지는 사막의 낙타가 시원하게 콜라를 마시는 장면이 더 어울리지 않을까?"라고 생각한 적도 있었죠. 하지만 지금 다시 생각해 보니 고릴라나 낙타보다는 친근감 있는 표정의 북극곰이, 습한 열대 우림이나 황량한 사막보다는 북극의 시원하고 청량한 풍경이 탄산음료의 이미지와 더 맞는 것 같아요.

그렇다면 도대체 북극곰은 왜 기후 변화로 멸종 위기에 처하게 된 것일까요? 2024년 기준으로 전 세계 북극곰의 개체 수는 약 3만 마리 정도로 추정됩니다. 일부 연구에 따르면 2050년까

지구 온난화로 북극의 해빙이 녹아요.
북극곰은 해빙에 머물면서 물속에서 숨을 쉬러 올라오는
바다표범을 사냥해야 하는데 해빙이 줄면 사냥이 어려워요.

shutterstock ⓒAndrewfel

지 전 세계 북극곰의 개체 수가 30% 정도 감소하고, 우리가 기후 변화를 해결하기 위해 노력하지 않으면 2100년에는 북극곰이 완전히 멸종할 수 있다고 합니다. 지구 온난화로 북극의 해빙이 감소하면서 북극곰의 서식지가 줄어들고 북극곰의 주요 먹이인 바다표범을 사냥할 기회가 줄어들고 있기 때문입니다. 북극곰은 해빙에 머물면서 물속에서 숨을 쉬러 올라오는 바다표범을 사냥해야 하는데 해빙의 면적이 줄어들면 사냥이 어렵게 되는 것이지요.

북극곰도 다른 곰들처럼 잡식성일 테니 물고기를 사냥하거나 나무 열매를 먹어도 되지 않겠냐고요? 같은 곰으로 분류되지만 온대 지방의 곰과 북극곰은 그 생태가 너무 다릅니다. 곰의 사냥이라 하면 흔히 떠올리는 것이 회색곰(그리즐리곰)의 연어 사냥입니다. 회색곰은 산란을 위해 바다에서 강으로 거슬러 올라오는 연어를 잔뜩 사냥해 먹고 살을 찌운 후 겨울잠을 잡니다.

하지만 북극곰은 겨울잠을 자지 않습니다. 그 때문에 계속 열량이 높은 먹이를 먹어야 극한의 추위에서 살아남을 수 있지요. 연어와 같은 물고기나 새의 알, 식물 열매를 먹어서는 북극의 매

Pixabay ©mtanenbaum

Pixabay

북극곰은 겨울잠을 자지 않아요.
북극의 매서운 추위를 견딜 수 있는 두꺼운 피부밑 지방층을 만들려면
바다표범을 먹어야 해요.

서운 추위를 견딜 수 있는 두꺼운 피부밑 지방층을 만들지 못합니다. 그래서 북극곰처럼 추운 북극의 바다에서 살아남기 위해 피부밑 지방을 잔뜩 저장한 바다표범이 북극곰의 주식이 될 수밖에 없죠.

북극곰은 약 500만 년 전에서 15만 년 전 사이에 갈색곰으로부터 갈라져서 진화했어요. 북극으로 와서 적응한 갈색곰의 후예 북극곰은 겨울잠을 자지 않는 대신 운명적으로 일 년 내내 해빙 위에서 바다표범을 사냥해야만 살 수 있게 진화한 것이지요. 물론 임신한 암컷은 눈 굴 속에 들어가 새끼를 낳고 6개월 동안 기르며 활동을 최소화해서 겨울잠과 비슷해 보이나 겨울잠을 자는 건 아닙니다.

북극곰을 대상으로 한 연구에 따르면 육지에서 생활하는 북극곰은 하루 평균 1킬로그램의 체중을 잃어버린다고 합니다. 최근 보고에 의하면 북극곰은 1년에 무려 137일을 아무것도 먹지 못하고 굶었다고 해요. 1979년에 북극곰은 1년 동안 12일만 굶었다고 하니 무려 11배나 굶는 날이 늘어난 것이지요. 너무너무 배가 고픈 북극곰은 바닷새 알을 훔쳐 먹어요. 북극곰 한 마리가 2시

지구가 점점 더워져요.
북극곰은 사냥을 못해 배가 너무 고프고,
여러 새로운 질병에 걸려요.

Pixabay ⓒBarten-gg

간 동안 새알을 200~1000개나 먹어 치우는 것이 관찰되었다고 합니다. 바다표범을 먹어야 하는 북극곰이 새알로 만족할 수 있을까요? 여전히 배가 몹시 고플 거 같네요. 이렇듯 사냥이 어려워진 북극곰은 사람들이 사는 최북단 마을까지 넘어오고 있어요. 사람들은 총을 메고 다니고, 북극곰을 쫓기 위한 장비도 가지고 있지요. 북극곰에게 먹이를 주면 배고픈 북극곰이 자꾸 찾아오고 사람을 해칠 수 있기에 절대로 먹이를 줘서는 안 된다고 해요.

기후 변화는 북극곰의 바다표범 사냥 기회를 줄어들게 할 뿐 아니라 두꺼운 피부밑 지방층과 긴 털을 가진 북극곰을 힘들게 합니다. 북극이 점점 더워지면서 새로운 질병에 걸리고 건강도 나빠져요. 해빙 면적이 해마다 심각하게 줄어들면서 북극곰이 육지에서 보내는 시간이 더 많아지고, 새로운 병원균에 노출되는 거지요.

이렇게 더우면 살기 힘든 북극곰이 우리나라 동물원에 있었던 적이 있어요. 더운 여름날에 사육사들이 얼음덩어리를 던져 주면 그것을 끌어안고 있던 불쌍한 모습이 생각납니다. 북극에서 자유롭게 살고 있는 북극곰의 영상과 비교하면 털의 윤기도 없고 너무 건강해 보이지 않아 안타까웠던 기억이 납니다. 지금은 다 죽어서 우리나라 동물원에서 볼 수 없다고 해요.

북극곰은 영어로 극곰(polar bear)이라고 부릅니다. 그렇다면 북극과 반대쪽 극지인 남극에는 '남극곰'이 있을까요? 여러분이 아는 대로 남극에는 북극곰도 없고 남극곰도 없어요. 왜냐하면 남극 대륙은 북극곰이 갈색곰으로부터 진화하기 훨씬 전부터 다른 대륙으로부터 분리되었기 때문이지요.

그렇다면 혹시 이런 생각을 하는 분들이 있을 수 있습니다. "남극에는 북극곰의 주요한 먹이인 바다표범이나 물개가 풍부하고 드넓은 남극 대륙도 있으니 멸종 위기에 처한 북극곰을 남극으로 이주시키면 어떨까?" 물론 남극으로 이주한 북극곰들이 당분간 잘살 수 있을지도 모릅니다. 하지만 북극곰 보호 단체가 이런 시도를 하지 않는 이유는 무엇일까요?

북극의 생태계는 북극대로, 남극의 생태계는 남극대로 생물의 진화와 더불어 발전한 것이기 때문에 북극곰이 없는 남극에 북극곰을 강제로 이주시킨다면 남극의 펭귄과 물개, 바다표범의 생태에 심각한 영향을 주게 될 것입니다. 결국 남극에 사는 동물들의 생존에 커다란 위협이 되며, 생태계의 다양성이 감소되겠지요. 그뿐 아니라 예측하기 어려운 심각한 결과를 초래할 수도 있

shutterstock ⓒevaurban

2100년에는 북극곰이 완전히 멸종할지도 모른대요.
우리가 지구의 기온 상승을 막아야 해요.

어요. 우리가 멸종 위기에 처한 동물들을 보존하기 위한 노력을 할 때도 이러한 생태계의 균형을 주의 깊게 살펴보고 행동해야 하는 이유가 바로 이런 것 때문입니다.

북극곰을 이주시키거나 북극곰의 먹이가 되는 생물을 대량으로 방류하는 시도는 결코 옳은 방향이 아닙니다. 북극곰의 위기는 인간이 만들어 낸 기후 변화의 직접적인 결과입니다. 그러므로 온실가스의 배출을 줄이고 재생 에너지로의 전환을 가속화하여 북극의 기온 상승을 막아야 해요. 이것이 인간과 북극곰의 지속 가능한 공존을 도모하는 유일한 해결 방법입니다.

북극곰을 먹이가 많은 남극으로 보내면 어떨까?

엄마! 배고파요!

북극곰은 해빙에 머물면서 바다표범을 사냥해야 하는데, 해빙이 줄어들어 사냥이 어렵대.

에구, 큰일이네.

북극곰은 겨울잠을 자지 않아. 계속 열량이 높은 먹이를 먹어야 추위에서 살아남을 수 있어.

먹을 것을 찾기가 너무 힘들구나. 배고프지 아가야?

쿨쿨

우리도 겨울잠을 자면 안 돼요?

3

산불과
서식지 파괴의 희생양
코알라

최근 세계 곳곳에서 대형 산불이 일어났다는 뉴스가 많이 보도되고 있어요. 기후 변화의 영향으로 기온이 상승하고 강수량이 감소하여 산불에 취약한 환경이 만들어진 것이지요.

호주에서도 기후 변화 때문에 대규모 산불이 종종 일어납니다. 몇 년 전 오랜만에 호주 여행을 갔습니다. 버스를 타고 산악 지역을 지나가는데 군데군데 산불로 피해를 입은 나무들을 볼 수 있었어요. 특히 호주의 유칼립투스는 잎에서 가연성 기름을 분비하기 때문에 불이 쉽게 붙을 수 있다고 합니다. 나중에 자세히 살펴보니 유칼립투스로 이루어진 숲에서 더 많은 화재의 흔적을 찾아볼 수 있었지요.

유칼립투스라 하면 어떤 동물이 떠오르나요? 호주에만 사는 포유류 코알라가 떠오르지요? 코알라는 유칼립투스잎만을 먹고 삽니다. 야생 코알라를 운 좋게 관찰할 기회가 있었는데 유칼립투스에 붙어서 잠을 자고 있었어요. 주변의 관계자에게 물어보니 코알라는 유칼립투스잎을 먹거나 아니면 유칼립투스에 매달려 잠을 자거나 둘 중의 한 가지 행동만 한다는군요.

유칼립투스는 페놀계 화합물, 테르펜 등 독성이 강한 물질을 생산합니다. 직접 유칼립투스 나뭇잎을 따서 냄새를 맡아 보니 나쁘지 않은 묘한 향기가 났어요. 이런 향기가 날 정도로 잎에서 코알라가 유칼립투스에서 잠을 자네요.
코알라는 하루에 보통 20시간을 자고,
나머지 4시간은 유칼립투스잎을 먹는대요.

Pixabay ©DavidClode

유기 물질을 분비하니 쉽게 불이 붙어 큰 산불을 유발할 수 있지요. 이런 독성 물질을 많이 분비하기 때문에 유칼립투스잎은 대부분의 동물이 먹을 수 없어요. 하지만 코알라는 간에 독성 물질을 분해할 수 있는 효소를 많이 가지고 있어서 독성 물질을 쉽게 해독합니다.

그뿐만 아니라 코알라는 아주 긴 맹장을 가지고 있어 그 안에 유칼립투스잎의 섬유소를 분해할 수 있는 박테리아가 많이 삽니다. 박테리아 덕분에 코알라는 유칼립투스잎을 소화시켜 영양분을 얻는 거지요. 맹장 이야기가 나왔으니 코알라의 맹장에 대해 잠깐만 살펴볼까요?

여러분은 맹장을 가지고 있지요? 인간은 모두 맹장을 가지고 있습니다. 흔히 충수돌기염 수술(맹장 수술은 잘못된 표현입니다.)을 한 경우 맹장을 제거한 것이라고 잘못 알고 있지요. 충수돌기는 맹장에 붙어 있는 작은 돌기로 이곳에 염증이 생기면 충수돌기만을 제거하는 것이지 맹장 전체를 제거하는 것은 아니에요. 그러니까 충수돌기염 수술을 한 사람도 모두 맹장을 가지고 있습니다.

인간의 맹장은 과거 인간으로 진화하기 전, 초식 동물이던 시절의 흔적 기관이라고 합니다. 인간의 맹장 크기는 지름 1센티미터에 길이가 5~6센티미터 정도 됩니다. 그런데 코알라의 맹장 크기는 얼마나 될까요? 놀라지 마세요. 무려 지름이 10센티미터에 길이가 200센티미터나 된다고 합니다. 맹장의 크기가 큰 만큼 그 커다란 맹장에 모여 사는 박테리아에 유칼립투스잎의 소화를 전적으로 의존하는 것이죠.

코알라 어미는 자신의 맹장에 사는 박테리아를 새끼에게 옮겨 주기 위해 무척 놀라운 일을 합니다. 바로 새끼에게 자신의 똥을 젖과 함께 먹이는 것이지요. 이렇게 하면 어미 똥의 박테리아가 새끼 코알라의 맹장에 자리 잡을 수 있어요.

코알라는 수백만 년에 걸쳐서 유칼립투스와 영향을 주고받으며 진화해 왔어요. 두 종 이상의 생물이 서로 영향을 주면서 상호 의존적으로 진화하는 것을 '공진화'라고 합니다. 코알라는 유칼립투스잎만을 먹음으로써 어떠한 이익을 얻을까요? 말씀드렸던 대로 유칼립투스잎에는 많은 독성이 있어 다른 초식 동물은 유칼립투스잎을 먹지 못합니다. 다른 초식 동물과의 먹이 경쟁에서 벗어날 수 있어 행동이 굼뜨고 느린 코알라에게는 참 다행이지요.

코알라는 키가 높이 자라는 유칼립투스 위에서 먹고 자고 거의

코알라 어미는 자신의 맹장에 사는 박테리아를
새끼에게 옮겨 주기 위해 놀라운 일을 해요.
바로 새끼에게 자신의 똥을 젖과 함께 먹이는 것이지요.

shutterstock ⓒAlonPhotography

대부분의 시간을 보내므로 지상의 천적으로부터 안전합니다. 또한 유칼립투스잎에는 수분이 많기 때문에 코알라는 별도로 물을 마시지 않아도 되어 편리하지요.

그렇다면 유칼립투스는 코알라와의 공생을 통해 어떤 이익을 얻을까요? 코알라의 털에 묻은 유칼립투스의 씨앗이 다른 지역으로 운반되거나, 코알라의 배설물에 포함된 씨앗이 새로운 지역에서 발아할 수도 있어서 유칼립투스의 번식을 도울 수 있습니다.

그 외에도 역설적이긴 하지만 코알라가 유칼립투스잎을 먹음으로써 유칼립투스의 진화를 도울 수 있어요. 코알라가 잎을 많이 뜯어 먹을수록 유칼립투스는 더욱더 효과적인 방어 기전을 만들기 위해 또 다른 독성 물질을 잎에 만들어 냅니다. 이에 대응하여 코알라는 또 간에서 새로운 독성 물질을 해독하기 위한 효소를 진화시킵니다.

이렇게 오랜 세월 공진화하는 동안 코알라는 코알라대로 유칼립투스잎만 먹고 사는 전략을 만들어 냈죠. 유칼립투스는 자기의 잎을 일부 코알라에게 양보하면서 진화를 통해 만들어 낸 다양한 독성 물질을 이용해 다른 초식 동물로부터 더욱더 강력하게 자신을 보호하는 방법을 획득하게 된 것이지요.

shutterstock ⓒAndreas Ruhz

코알라는 유칼립투스잎만을 먹고 살아요.
유칼립투스는 자기의 잎을 코알라에게 양보하면서
진화를 통해 다양한 독성 물질을 만들어 내어요.

공생에 대한 역설적인 이야기를 하나만 더 해 볼까요? 코알라가 유칼립투스잎만을 먹음으로써 유칼립투스의 과도한 성장을 억제하고 이를 통해 유칼립투스 나무숲의 건강한 생태계 유지에 도움을 주게 됩니다. 아름다운 정원을 가꾸기 위해 적당히 정원수의 가지를 치는 것처럼 코알라가 어느 정도 유칼립투스잎을 먹어서 유칼립투스의 과도한 성장을 막거나 조절해 줄 수 있지요.

　과도한 성장의 억제가 왜 필요하냐고요? 유칼립투스가 너무 크게 자라면 새로운 유칼립투스 싹의 성장을 막을 수 있어요. 유칼립투스는 계속 진화하면서 자신의 후손에게 새로운 유전 형질을 더해 주고 다양한 표현형을 가진 다음 세대 유칼립투스를 만들어 내야 집단의 생존에 유리한데 어린 싹이 성장을 못하면 곤란하겠지요? 슬픈 이야기지만 늙은 개체는 서서히 도태되고 새로운 유전자를 가진 새로운 개체가 태어나는 것이 집단에 도움이 됩니다.

　조금 더 역설적인 이야기를 하자면 산불도 유칼립투스 개체군 유지에는 필수적입니다. 유칼립투스 씨앗은 아주 작고 도토리와 같은 딱딱한 열매 안에 들어 있어요. 그래서 유칼립투스 씨앗이 땅에 떨어지더라도 일반적인 조건에서는 발아하기가 힘듭니다.

산불이 일어나고 난 후 뜨거운 온도에 의해 팽창된 딱딱한 열매의 껍데기가 벌어지면서 씨앗이 비료 성분이 풍부한 재 위에서 발아할 수 있는 거예요. 부모 나무는 자신을 태워서 자식이 발아하도록 도와주는 것입니다.

이것은 비단 유칼립투스 숲뿐만 아니라 다른 숲도 마찬가지입니다. 미국의 대표적인 국립 공원인 요세미티 국립 공원에도 산불이 자주 나는데 숲의 건강한 생태계 유지를 위해서 일부러 산불을 끄지 않는다고 공원 관리인에게 들었던 기억이 납니다.

그렇다면 산불이 건강한 생태계의 유지를 위해 필요한데 왜 문제가 되냐고요? 무엇이든 그 정도가 중요하지요. 호주의 유칼립투스 숲이든 요세미티의 삼나무 숲이든 어느 정도의 규모나 빈도로 산불이 일어난다면 그것은 숲 생태계의 지속을 위해 필요합니다. 하지만 큰 산불이 너무 자주 일어난다면 유칼립투스에도 코알라에게도 큰 문제가 되지요.

20세기 초 이후 전 세계의 1년 평균 기온은 1도 이상 상승했습니다. 이러한 기후 변화로 인해 인도양의 동쪽인 호주에는 폭염과 산불이 발생하였고, 인도양의 서쪽인 동아프리카에는 큰 홍수

2019년에 호주는 심각한 산불 피해를 겪었어요.
약 10억 마리의 동물이 희생되었고,
총 1700만 헥타르의 산림이 불타 버렸어요.

shutterstock ⓒAndrea Izzotti

가 발생하였지요. 이러한 현상을 '인도양 쌍극자 현상'이라고 말합니다. 인도양을 사이에 두고 서쪽에 있는 대륙과 동쪽에 있는 대륙에 서로 반대되는 기후 현상이 나타나는 것을 뜻하지요.

특히 2019년은 호주 역사상 가장 더운 해로 기록되었고 이러한 기후 변화로 심각한 산불 피해를 겪었습니다. 2019년 9월부터 2020년 2월까지 발생한 대규모 산불로 총 1700만 헥타르의 산림이 유실되었지요. 이 산불로 3천 채 이상의 주택이 파괴되었고 약 10억 마리의 동물이 희생된 것으로 추정됩니다. 이중 코알라는 약 6만 마리 이상이 피해를 입었어요. 특히 호주 동남부 캥거루섬에는 산불 이전 5만 마리에 가깝던 코알라의 개체 수가 85%나 감소하여 산불 후 1만 마리도 안 남은 것으로 추정됩니다. 이러한 산불은 이미 감소 추세에 있던 코알라 집단에 심각한 타격을 주었어요.

유칼립투스잎만 먹을 수 있는 코알라의 특성과 잎에 포함된 휘발성 물질 때문에 더 쉽게 산불의 피해를 입고, 회복에 긴 시간이 걸리는 유칼립투스의 특성을 고려하면 코알라 개체 집단은 향후 더 큰 위기를 겪을 수 있어요. 산불로 직접 피해를 받은 코알라의 개체 수도 문제이지만 앞으로 코알라와 유칼립투스의 공생 생태계가 회복되는 데 얼마나 오랜 시간이 걸릴지 알 수 없기 때문입니다.

   호주에 심각한 화재를 불러왔던 인도양 쌍극자 현상을 막으려면 기후 변화의 심각성을 우리 모두 인지하고 해결하기 위해 노력해야 할 것입니다. 우리나라와는 멀리 떨어진 호주이지만 온실가스 배출에 의한 기후 변화는 전 세계적으로 동시에 일어나는 현상이므로 우리의 작은 노력도 호주의 코알라를 살리는 데 기여할 수 있어요. 귀여운 코알라의 모습을 호주에 여행 간 우리 후손들이 볼 수 없게 된다고 생각하면 너무 안타까우니 우리 모두 다 함께 노력해 보아요.

유칼립투스잎은 왜 큰 산불을 일으킬까?

2019년에 호주는 엄청난 산불이 계속되어 약 10억 마리의 동물이 희생되었어.

엄마~!

으악!!

살려 줘~!

우리는 유칼립투스잎만 먹을 수 있는데.

언제 나무가 자랄까?

코알라와 유칼립투스의 공생 생태계가 회복되는 데 아주아주 오랜 시간이 걸릴 거야.

4

땀샘이 없어
더위에 더 취약해
북부흰코뿔소

이제 아프리카 대륙으로 넘어가 보아요. 여러분은 아프리카를 떠올리면 어떤 동물이 제일 먼저 생각나나요? 초원의 사자와 기린, 얼룩말이 생각난다고요? 저는 그 독특하고 매력적인 생김새 때문인지 아프리카 하면 코뿔소가 먼저 생각나더군요. 물론 코뿔소는 아프리카에만 사는 것은 아닙니다. 우리 지구에는 5종의 코뿔소가 있는데 그중 인도코뿔소, 자바코뿔소, 수마트라코뿔소는 아시아에 있고 검은코뿔소와 앞으로 이야기할 흰코뿔소는 아프리카가 서식지입니다.

슬프게도 다섯 종의 코뿔소 모두 심각한 멸종 위기를 맞고 있어요. 아시아의 인도코뿔소만 국제자연보전연맹(IUCN)의 취약 단계로 분류되고 있을 뿐 자바코뿔소와 수마트라코뿔소는 극도로 위험한 멸종 위기에 처해 있지요. 자바코뿔소는 현재 자바섬의 국립 공원에 73마리만 생존해 있어요. 하지만 이 자바코뿔소보다 더 심각한 멸종 위기를 맞닥뜨리고 있는 코뿔소가 있어요. 바로 아프리카의 북부흰코뿔소입니다.

흰코뿔소는 북부흰코뿔소와 남부흰코뿔소 두 개의 아종으로 나눌 수 있어요. 북부흰코뿔소는 우간다, 차드, 중앙아프리카공화국, 콩고에서 살았지만 현재 야생에서는 멸종되었고 단 2마리의 암컷만이 케냐 보호 구역 내에서 살아요. 반면 남부흰코뿔소

출처: BioRescue 홈페이지 ⓒJan Zwilling

출처: BioRescue 홈페이지 ⓒJan Zwilling

마지막 남은 북부흰코뿔소 나진과 파투는
케냐의 올 페제타 보호 구역에 살아요.
헌신적인 사육사들의 보살핌을 받고 있지요.

는 남아프리카공화국, 짐바브웨, 나미비아 등에서 살고 있는데 현재 18000마리 정도가 생존하고 있어 형편이 나은 편입니다. 북부흰코뿔소나 남부흰코뿔소나 어차피 같은 종인데 굳이 북부흰코뿔소를 별도의 노력을 들여 보존해야 할 필요가 있냐고 생각할 수도 있어요. 하지만 두 아종 사이에는 외모의 차이와 유전적 차이가 분명히 있습니다.

 북부흰코뿔소는 두 마리의 암컷만이 남아 있는데 어떻게 복원이 가능할까요? 1973년에 태어난 마지막 북부흰코뿔소 수컷 수단은 고령으로 2018년에 안락사되었어요. 지금 살아남은 두 마리의 암컷 나진과 파투는 각각 수단의 딸과 손녀딸입니다. 나진과 파투는 각각 34살과 22살로 임신을 하기에는 나이가 많아 남부흰코뿔소를 대리모로 이용한다고 합니다. 보존해 놓은 북부흰코뿔소의 정자와 난자를 이용하여 인공 수정을 하여 북부흰코뿔소의 종자를 복원하려는 노력을 하고 있지요. 부디 성공적인 복원이 이루어지기를 바랍니다.
 그렇다면 북부흰코뿔소가 이렇게 절멸 위기에 처한 이유는 무엇일까요? 그 이유 중 하나는 코뿔소뿔이 전통 의학적인 가치가

있다고 생각하는 사람들이 높은 가격으로 코뿔소뿔을 사들였기 때문입니다. 1970년대에 코뿔소뿔은 1킬로그램당 5만 달러에 거래될 정도로 고가였어요. 사슴뿔은 녹용이라 불리면서 아직도 전통 의학 재료로 쓰이지만 코뿔소뿔은 사슴뿔처럼 많은 사람에게 효험이 있는 의학 재료라고 받아들여지지 않아요. 사슴뿔이나 소뿔은 뼈 구조를 가지고 있지만 코뿔소뿔은 그냥 피부와 같은 케라틴 성분으로 이루어진 것이라서 구성 성분에도 큰 차이가 있지요. 저의 개인적인 생각으로는, 코뿔소뿔은 그냥 코뿔소 가죽에 돋은 사마귀 정도와 비슷한 성분일 것이니 별다른 약효가 있을 것 같지 않아요. 코뿔소가 사슴만큼 흔한 동물이 아니기 때문에 생겨난 잘못된 믿음일 것입니다.

코뿔소뿔을 향한 인간의 탐욕 때문에 진행된 남획뿐 아니라 벌목, 자원 채굴, 도로 건설 등으로 북부흰코뿔소의 서식지는 파괴되어 개체 수는 점점 줄어들었어요. 사람들이 북부흰코뿔소의 개체 수가 눈에 띄게 감소한 것을 깨닫고 보호 조치를 취하려 하였어요. 그러나 주요 서식지인 아프리카 나라들에서 끊임없이 내전이 일어나 정부의 보호 정책 실현이 어려웠고, 국제 야생 동물 보호 단체들의 접근도 힘들었지요.

이뿐만이 아닙니다. 북부흰코뿔소의 개체 수가 1960년대에 북부흰코뿔소가 절멸 위기에 처한 이유를 잊지 않기로 해요.

shutterstock ⓒmishamartin

2000마리 이상에서 1970년대에 500마리 정도를 거쳐 현재 암컷 2마리만 남을 정도로 급격히 줄어든 이유 중 우리가 간과하지 말아야 할 것은 바로 기후 변화입니다. 인간에 의한 개발뿐 아니라 기후 변화로 인한 북부흰코뿔소의 서식지 파괴는 심각한 위협으로 작용하였어요. 기후 변화에 기인한 강수량의 변화는 북부흰코뿔소의 주된 서식지인 사바나의 식물 식생을 변화시킵니다. 이 지역에 강수량이 많아지면 풀과 관목이 나무로 바뀌어 숲이 되는 거지요. 북부흰코뿔소는 주로 풀과 관목을 뜯어 먹으므로 식물 생태계의 변화는 북부흰코뿔소에게 치명적이에요.

또한 북부흰코뿔소는 피부에 땀샘이 없어 온도 상승에 무척 취약합니다. 역시 땀샘이 없는 개들이 여름에 힘들어하는 모습을 많이 보았지요? 개는 그래도 혀를 내밀어 헐떡거리면서 구강과 혀를 이용해 수분을 증발시켜 그 기화열로 몸을 식힐 수 있어요. 하지만 덩치가 큰 북부흰코뿔소는 그러한 방법도 여의치 않은 거지요.

기후 변화로 인한 서식지 파괴와 나날이 더워져 가는 날씨로 고통받으며 죽어 간 북부흰코뿔소를 생각하니 마음이 무척 아픕니다. 다시는 이러한 불행한 일이 일어나지 않도록 우리 모두 힘을 모아 기후 변화를 막기로 해요.

5

맹그로브 숲의 생존자
벵골호랑이

이제 아시아 대륙의 멸종 위기 동물인 벵골호랑이에 대해 알아볼까요? 흰코뿔소와 마찬가지로 호랑이도 여러 아종이 있어요. 인도, 네팔, 방글라데시에 사는 벵골호랑이, 러시아, 중국 동북부에 사는 시베리아호랑이를 포함해 모두 여섯 종류의 호랑이 아종이 존재합니다.

한국호랑이는 한때 독립된 아종으로 여겨졌으나 시베리아호랑이와 유전적으로 동일해서 같은 아종으로 밝혀졌지요. 그러므로 한국에서 살던 호랑이는 한국의 포수들에 의해 전멸한 것이 아니고 같은 종의 호랑이 수백 마리가 러시아와 중국 접경 지역에 살아 있다고 할 수 있어요.

시베리아호랑이는 추운 기후에 적응하여 두꺼운 털을 지니고 있지만 더운 곳에 사는 벵골호랑이는 털이 가늘고 짧습니다. 털의 색깔도 시베리아호랑이가 옅은 편이라 차이가 있다고 합니다. 그렇다면 시베리아호랑이와 벵골호랑이 중 어느 호랑이가 더 기후 변화에 취약할까요?

기후 변화로 시베리아호랑이가 사는 침엽수의 생태가 변화하면 사냥할 수 있는 동물이 줄어들게 됩니다. 소나무 숲은 사슴이나 멧돼지의 주요 서식처인데 기후 변화로 소나무 숲이 전나무 숲으로 바뀌면 시베리아호랑이가 먹잇감으로 선호하는 대형 포

Pixabay ⓒPixel-mixer

시베리아호랑이는 서식 범위가 넓어요.
기후 변화로 먹잇감이 줄어들면
다른 곳으로 조금 이동해서 계속 사냥할 수 있어요.

유류들의 개체 수가 줄어드는 것이죠.

시베리아호랑이는 서식 범위가 아주 넓으므로 먹이 사냥이 어려워지면 다른 곳으로 이주할 가능성이 있어 학자들은 시베리아호랑이는 기후 변화에 취약하지 않다고 말해요. 시베리아호랑이는 수컷 한 마리가 최대 2000제곱킬로미터 정도의 넓은 서식 영역을 차지하고 있으니까요. 서울 면적이 600제곱킬로미터 정도니 엄청나게 넓은 영토를 점령하고 있네요.

그러니까 일부가 소나무 숲에서 전나무 숲으로 바뀌어도 괜찮아요. 시베리아호랑이가 새로 바뀐 전나무 숲에서 그다지 먹기 싫은 토끼나 쥐를 사냥하지 않고도 다른 소나무 숲으로 조금 이동하면 되니까요. 시베리아호랑이는 더 선호하는 먹잇감인 사슴과 멧돼지를 계속 사냥할 수 있겠지요?

더운 지방에 사는 벵골호랑이의 경우는 어떨까요? 벵골호랑이의 서식 영역은 20제곱킬로미터 정도로 무척 좁습니다. 그만큼 좁은 지역에서 서로 경쟁하면서 사는 것이죠. 호랑이 같은 맹수는 자신의 영역을 지키는 본능이 무척 강하기 때문에 자신의 영역을 침범당하는 것을 좋아하지 않아요. 철저하게 자기 영역을 지키면서 그 안의 동물들을 사냥하며 살지요.

시베리아호랑이보다 100배나 작은 활동 영역을 가진 벵골호랑이는 먹이 사냥이 더 힘들지 않겠냐고요? 시베리아호랑이의 서식지인 추운 지방보다는 벵골호랑이가 사는 아열대 지방이 훨씬 사냥감의 개체 수가 많아요. 추운 지방에 비해 상대적으로 좁은 지역을 점령하고 있더라도 먹이 수급에는 큰 문제가 없지요. 그런 이유로 벵골호랑이는 시베리아호랑이보다 상대적으로 작은 서식 영역에 만족하면서 사는 거예요.

그렇다면 벵골호랑이는 왜 시베리아호랑이보다 더 기후 변화에 취약한 것일까요? 벵골호랑이가 좋아하는 환경 중 하나가 맹그로브 숲입니다. 벵골호랑이의 주요 서식지 중 하나인 인도와 방글라데시 국경에 있는 순다르반스 맹그로브 숲은 기후 변화에 의한 해수면 상승으로 심각한 위협을 받고 있어요.

맹그로브는 해안가의 독특한 생태계를 형성하는 식물로 해수와 담수가 만나는 지역에서 서식합니다. 주로 조간대나 강 하구, 석호, 염습지 등에 사는 식물이지요. 조간대는 해수면이 가장 높을 때와 가장 낮을 때의 해안선 사이의 부분을 뜻하고, 석호는 바다와 분리되어 생긴 호수, 염습지는 바닷물이 드나들어 소금기의 변화가 큰 축축하고 습한 땅을 말해요. 지상 식물이 대부분 염분 벵골호랑이는 맹그로브 숲을 좋아해요.
순다르반스 맹그로브 숲은 기후 변화 때문에
해수면이 높아지고 있어요.

shutterstock©Banu R

에 취약한데 맹그로브는 잎에 있는 특수한 샘을 통해 과도한 염분을 배출하거나 뿌리에서 염분을 걸러 내어 체내로 들어오는 것을 막지요. 그래서 다른 식물들이 살 수 없는 지역에 살 수 있는 식물입니다.

해수어를 관상어로 키우는 사람들 사이에 한때 맹그로브를 키우는 것이 유행하여 저도 맹그로브 몇 뿌리를 해수 어항에 심었지만 그다지 잘 키우지 못하였던 기억이 납니다. 지금 생각해 보면 저의 해수 어항 염도가 맹그로브가 적응할 수 있는 염도의 한계보다 높았던 것 같아요. 맹그로브는 해수에 꼭 뿌리를 내릴 필요는 없고, 완전한 해수보다는 담수와 해수가 섞이는 지역에 더 잘 적응하는 식물인 것을 그때는 몰랐지요. 게다가 몇 뿌리는 해수 속에 아예 풍덩 담가 놓았으니 잘 자라지 못할 수밖에요.

제가 경험했던 것처럼 맹그로브는 바닷물과 민물이 섞이는 지역에 사는 육상 식물이지 바닷속에 사는 해초가 아니기 때문에 해수면이 상승하여 바닷물에 잠기면 살지 못합니다. 그렇기 때문에 기후 변화로 북극의 해빙이 녹아 해수면이 상승하게 되면 맹그로브의 서식지가 파괴되는 것이지요.

연구자들에 따르면 해수면 상승으로 2070년까지 순다르반스 맹그로브 숲이 완전히 사라질 수도 있다고 합니다. 실제로 2004

년부터 2015년 사이에 순다르반스의 벵골호랑이 개체 수는 440마리에서 106마리로 줄어들었어요. 서식지가 줄어 사냥할 기회가 부족하면 번식을 못하거나 영양 부족으로 일찍 죽기도 하겠지만, 많은 경우 인간과의 충돌에 의해 피해를 입어요. 맹그로브 숲과 같은 서식지 감소로 인해 사냥감을 찾을 기회가 줄어든 벵골호랑이는 할 수 없이 근처 인간의 주거 지역을 침범하여 가축이나 인간을 살상하게 된 것이죠.

    사실 순다르반스 지역에서 벵골호랑이와 인간의 갈등은 오랫

맹그로브는
바닷물과 민물이 섞이는 지역에 사는 육상 식물이에요.
해초가 아니기 때문에
해수면이 상승하여 바닷물에 잠기면 살지 못해요.

Pixabay ⓒkoachphillips

동안 지속되어 왔어요. 2000년부터 2023년까지 약 300명의 인간과 46마리의 호랑이가 갈등으로 인해 사망하였지요. 또 다른 통계에 의하면 2008년부터 2022년까지 벵골호랑이가 인간을 공격한 사례가 275건, 가축을 공격한 사례가 349건, 반대로 인간이 벵골호랑이를 공격한 사례는 143건이 보고되었어요.

우리나라와 멀리 떨어진 인도의 벵골호랑이와 인간 사이의 갈등을 보면 여러분은 어떤 생각이 드나요? 인간과 벵골호랑이는 평화롭게 공존해야 할까요? 아니면 인간에게 조금이라도 위해를 끼칠 수 있는 맹수인 벵골호랑이는 야생에서 씨를 말리고 동물원이나 보호 시설에 격리해야 할까요?

평화로운 공존을 주장하던 사람도 만일 자신의 가족이 벵골호랑이에게 상해를 입었다면 생각이 바뀔 수 있습니다.

우리나라에 살던 호랑이, 즉 시베리아호랑이의 경우를 살펴볼까요? 조선 시대 호랑이는 인간을 위협하는 맹수로 간주되어 호랑이 사냥 정책을 광범위하고 체계적으로 펼쳤어요. 호랑이 사냥을 위한 전문 부대인 착호군이 있었고 성종 때는 착호군의 규모가 440명이 될 정도로 확대되었지요. 그뿐만 아니라 호랑이를 잡은 사람에게는 신분 상승의 기회를 제공했어요. 노비가 호랑이를 잡으면 평민으로 신분을 올려 주고, 평민에게는 세금을 면제하여 주었습니다.

 이러한 조선 왕조의 지속적인 노력으로 18세기 중반 한반도 대부분의 지역에서 생태계의 최상위 포식자가 호랑이에서 늑대로 바뀌었어요. 일제 강점기에는 조선 총독부가 사람과 재산에 해를 끼치는 짐승을 없앤다는 '해수구제' 정책을 펼쳐 호랑이, 표범, 늑대, 곰 등 대형 육식 동물 및 멧돼지, 사슴 등 농작물에 피해를 주는 동물까지 집중적으로 사냥하였지요. 이러한 정책으로 인해 1924년 강원도 횡성에서 남한의 마지막 호랑이가 사살되었어요. 이후로는 남한 지역에서 호랑이가 목격된 기록이 없어요.

 당장 인명 피해는 줄어들었지만 먹이 사슬의 최상위 포식자가 사라지자 멧돼지, 사슴 등 중형 동물의 개체 수가 크게 증가해 농작물 피해와 인명 피해도 다시 늘어났어요. 최근의 기록에 의하면 2015년부터 2019년까지 멧돼지에 의해 3명이 사망하고 10명이 부상을 입었어요. 만약 호랑이가 멸종되지 않았다면 멧돼지보다 더 많은 피해를 입혔을까요? 이러한 문제에 대해서는 사회적 합의가 필요합니다. 대형견에 의한 인명 피해가 적지 않게 일어나지만 대형 애완견 사육 자체를 금지할 수 없는 문제도 이와 비

Pixabay ⓒignartonosbg

Pixabay ⓒignartonosbg

사냥감을 찾기 어려워지자 벵골호랑이가 인간의 주거 지역을 침범하여 가축이나 인간을 죽이는 일이 벌어졌어요.
과연 인간과 벵골호랑이는 평화롭게 공존할 수 있을까요?

숫하다고 생각합니다.

　인도에서도 이러한 이해관계의 충돌이 있었어요. 벵골호랑이에 의해 가족을 잃은 사람, 일터를 잃은 사람들과 벵골호랑이를 보호하려는 사람들 사이에 많은 의견 충돌이 있었지요. 하지만 인도인들은 벵골호랑이와 인간의 공존이라는 대명제에 합의하였어요. 벵골호랑이 보호를 위해 인도 정부는 1973년 호랑이 보호를 위한 '프로젝트 타이거'를 시작하여 호랑이 보호 구역을 50개까지 확대하였지요.

　특히 순다르반스 맹그로브 숲 근처 지역 주민들은 벌꿀 채취 방식을 변경하는 등 적극적으로 호랑이와의 충돌을 줄이는 방법을 통해 벵골호랑이를 보호하고 있어요. 덕분에 2024년 조사에 의하면 순다르반스 벵골호랑이의 개체 수는 125마리로 증가하였다고 합니다.

　하지만 기후 변화가 계속 진행되는 이상 해수면 상승에 의한 맹그로브 숲의 파괴는 필연적으로 계속될 듯 보입니다. 인간과 벵골호랑이와의 평화적인 공존을 위해 기후 변화를 막는 우리들의 노력이 더욱더 필요합니다.

벵골호랑이와 시베리아호랑이, 누가 더 힘들까?

시베리아호랑이는 서식 영역이 매우 넓어.
기후 변화 때문에 서식지인 소나무 숲이 전나무 숲으로 바뀌어.

멧돼지랑 사슴이 어디 갔지?

그러면 사슴이랑 멧돼지가 줄어들고, 시베리아호랑이는 다른 곳으로 이주해.

사슴이랑 멧돼지가 없으니 이제 토끼나 쥐를 먹어야 해?

아냐, 이사 가면 돼.

6

기온이 올라
너무 고달파

아메리카악어

미국의 동남부 플로리다주에는 아메리카악어(아메리카 크로커다일)와 미시시피악어(아메리카 앨리게이터)가 살고 있습니다. 둘의 이름이 굉장히 헷갈리지요? 우리나라 말로는 '악어'이지만 영어로는 악어를 크로커다일과 앨리게이터로 나눌 수 있어요.

간혹 미시시피악어를 미국악어라고 부르기도 합니다. 아메리카악어와 미국악어는 같은 이름의 영문과 국문 표현 같지만 각각 크로커다일과 앨리게이터로 서로 다른 종류의 악어입니다. 더욱더 헷갈리지요? 분류학적으로 크로커다일과 앨리게이터 모두 파충강, 악어목에 속하고 크로커다일은 악어목 아래 크로커다일과에, 앨리게이터는 악어목 아래 앨리게이터과에 포함되는 동물입니다. 두 악어는 분류학적으로도 가까운 친척이라고 할 수 있어요.

비록 친척이기는 하지만 아메리카악어와 미시시피악어는 생태도 조금 다르고 외모도 약간의 차이가 있습니다. 일단 가장 쉬운 외관상의 구분 방법은 다음과 같아요. 아메리카악어는 위에서 봤을 때 주둥이가 V자로 뾰족하게 생겼고 미시시피악어는 U자로 뭉툭한 주둥이를 가지고 있지요. 미시시피악어는 입을 다물었을 때 위 이빨만 보이고 아래 이빨은 보이지 않지만 아메리카악어는 입을 다물어도 위 이빨과 아래 이빨이 모두 입 밖으로 나와

위에서 봤을 때 아메리카악어(크로커다일)는 주둥이가 V자로 뾰족하게 생겼고, 미시시피악어(앨리게이터)는 주둥이가 U자로 뭉툭하게 생겼어요.

아메리카악어 Pixabay ©Storme22k

미시시피악어 Pixabay ©RJA1988

좀 더 흉측해 보이는 얼굴을 하고 있어요.

둘의 생태적 차이를 살펴볼까요? 미시시피악어는 주로 담수에서 서식하고 아메리카악어는 담수와 바닷물 모두에서 서식할 수 있어요. 아메리카악어는 염분을 배출하는 샘을 혀에 가지고 있어서 염분 농도가 높은 물속에서도 어느 정도 생존이 가능합니다. 이러한 둘의 차이를 알면 앞으로 동물원에서 악어를 볼 때 좀 더 주의 깊게 관찰하게 되겠죠? 모든 과학은 관찰로부터 시작하니 과학자를 꿈꾸는 분들은 평소에 관찰력을 키우는 습관을 가져 보아요.

미시시피악어는 미국 남부 루이지애나주에 200만 마리, 플로리다주에 130만 마리를 포함해 미국 전역에 약 500만 마리가 존재합니다. 하지만 과거에는 미시시피악어도 심각한 멸종 위기에 처한 적이 있었지요. 19세기 후반부터 20세기 중반까지 미시시피악어의 가죽과 고기를 얻기 위해 대량 사냥이 이루어졌어요. 나이 드신 분들은 당시 유행하던 악어가죽 핸드백을 기억하실 거예요.

또한 미국의 도시 개발로 미시시피악어의 서식지인 습지가 파괴되어 개체 수가 더욱더 급격히 줄어들었지요. 1950년에 역사상 최저 수준으로 떨어지자 미국 정부는 멸종 위기종 보호법을 시행하여 미시시피악어 사냥을 금지하였어요. 그 결과 미시시피악어는 빠르게 회복되어 1987년에는 멸종 위기종 목록에서 제외되었지요.

하지만 아메리카악어는 지금도 심각한 멸종 위기종입니다. 미시시피악어는 미국에만 500만 마리가 있지만 아메리카악어는 미국 플로리다 남부와 키스 열도 지역에만 2천 마리 정도 생존하고 있어요. 500만과 2천이면 개체 수가 2500배 차이가 나는 것이죠. 똑같은 친척 악어인데 왜 이렇게 차이가 날까요? 앞에서 말씀드렸던 대로 이들의 생태가 다르기 때문입니다.

미시시피악어는 담수 환경에 잘 적응하여 내륙 지방에서도 생존과 번식이 가능하고 아메리카악어보다 좀 더 추위에 강합니다. 미시시피악어는 섭씨 5도 정도의 차가운 물에서도 생존할 수 있으며, 날씨가 더 추워지면 브루메이션(brumation)이라고 부르는 일종의 동면 상태에 들어갑니다. 신진대사 속도를 낮추고 덜 움직이고 덜 먹고 덜 배설하지요. 활동을 중단하고 잠자듯이 아무것도 섭취하지 않는 동면 상태와는 조금 다릅니다. 심지어 서식지의 물이 얼어도 미시시피악어는 코끝만 얼음 틈으로 내어놓고

Pixabay ©marcel-zihlmann

아메리카악어는 주로 해안가에 살아요.
해수면이 상승하면 바닷물이 담수 지역으로 유입되는데
어린 아메리카악어는 높은 염도에 대한 내성이 낮아서 죽을 수도 있어요.

숨을 쉬면서 겨울을 견딜 수 있어요.

하지만 아메리카악어는 다릅니다. 이들은 추운 날씨를 견디지 못하고 온도가 내려가면 적정 체온 30~33도를 유지하기 위해 일광욕을 해야만 합니다. 아메리카악어와 미시시피악어가 이렇게 추위에 대한 내성이 다른 이유를 두 악어 사이의 해부학적인 차이나 생리적인 차이로 설명하기는 힘듭니다. 아메리카악어는 따뜻한 지방인 미국 동남부에서 오랜 기간 적응하여 살아왔기 때문에 좀 더 추위에 약한 것이 아닐까요?

아메리카악어는 미국 동남부의 해안 지역에 살면서 오랫동안 진화하여 염분 농도가 높은 물에서도 어느 정도 잘 지낼 수 있기에 주로 해안가에 살아요. 기후 변화의 영향으로 지구의 평균 기온이 올라가면 추위에 약한 아메리카악어에게 더 살기 좋은 환경이 만들어지는 것이 아니냐고요? 그렇지 않습니다.

아메리카악어가 사는 미국 동남부의 연평균 기온은 아메리카악어가 살기에 충분히 따뜻해요. 오히려 기후 변화에 의한 기온 상승은 극지방의 해빙을 녹게 하여 해수면이 높아지죠. 해수면 상승은 아메리카악어의 서식지인 해안 습지를 사라지게 하여 생존에 불리한 영향을 미칩니다.

최근의 연구 결과에 따르면 1993년부터 2024년까지 전 세계의 해수면은 11센티미터 이상 상승했다고 합니다. 더 걱정되는 사실은 해수면 상승 속도가 점점 빨라지고 있다는 거예요. 1993년 연간 상승률은 2.1밀리미터였으나 2024년에는 4.5밀리미터로 늘어났고, 2050년에는 6.5밀리미터로 늘어날 것으로 예상되어요. 이러한 해수면 상승은 해빙의 융해뿐 아니라 해수 온도의 전반적인 상승으로 인한 열팽창 때문이기도 합니다.

전문가들이 계산해 본 결과 2100년까지 아메리카악어의 서식지 중 30% 이상이 침수될 것으로 예측된다고 합니다. 해수면 상승은 서식지 침수뿐 아니라 해안 지방에 서식하는 아메리카악어에게 또 다른 심각한 문제를 유발하지요. 해수면이 올라가면 바닷물이 담수 지역으로 흘러들게 되어요. 어른 아메리카악어는 염분 배출 능력이 있지만 어린 아메리카악어는 높은 염도에 대한 내성이 낮아서 바닷물이 들어오면 죽을 수 있어요.

이외에도 기후 변화는 아메리카악어의 발생에 적지 않은 영향을 미칩니다. 바로 아메리카악어의 성별 결정에 주변 온도가 관여하는 거지요. 성별은 이미 수정이 일어날 때 암컷의 난자와 수컷의 정자가 가지고 있는 염색체에 의해 정해지는 것이 아니냐

아메리카악어는 주위 환경의 온도가 34도 이상이면
알 속의 새끼가 암컷으로 태어나요.
기후 변화 때문에 34도 이상으로 계속 유지되면 암컷 새끼만 나오는 거지요.

shutterstock ⓒChaiyanunn

고요? 그렇지 않습니다. 동물 중에서는 인간이나 초파리와 같이 염색체에 의해 성별이 정해지는 경우도 있고 일부 어류나 파충류처럼 주변 환경이나 온도에 의해 성별이 결정되기도 해요.

좀 더 자세히 말씀드리자면 파충류 중에서도 대부분의 뱀과 도마뱀은 인간처럼 수정 당시의 염색체 조합에 의해 성별이 결정되지만 일부 도마뱀과 악어, 바다거북은 환경의 온도가 성별 결정에 중요한 역할을 합니다. 아메리카악어의 경우 섭씨 31도 이하 또는 섭씨 34도 이상의 경우 알 속의 새끼가 암컷으로 태어납니다. 반면 31도와 33도 사이에서는 알에서 수컷 새끼가 태어납니다. 만약 기후 변화에 의한 온도 상승 때문에 알둥지가 34도 이상으로 계속 유지된다면 암컷 새끼만 태어나지요. 이러한 성비 불균형은 아메리카악어 집단에 심각한 악영향을 미칩니다.

저는 파충류를 좋아해서 오래전 미국 루이지애나주 여행 중 습지 악어 투어에 참여한 적이 있었어요. 보트를 타고 30분가량 습지를 이동하면서 야생의 악어를 관찰하는 투어였는데 날씨가 안 좋아서 그랬는지 단 한 마리의 악어도 보지 못했지요. 보트를 운전하던 안내인이 그럴 때를 대비하여 아껴 둔 비장의 카드를 꺼

냈어요. 바로 자신의 가방 속에 있던 악어 새끼였지요. 아쉬운 대로 악어 새끼를 만져 보는 체험 행사가 있었어요. 어린 악어라 앨리게이터인지 크로커다일인지 구분하기가 힘들어 안내인에게 물어보니 당연히 앨리게이터라고 했던 기억이 납니다. 크로커다일, 즉 아메리카악어는 그만큼 만나기 힘든가 봅니다.

  당시 아쉬웠던 기억 때문에 몇 년 전 미국 플로리다를 방문하였을 때 에버글레이즈 국립 공원 악어 투어에 참여했어요. 마찬가지로 보트를 타고 습지를 이동하는 투어였는데 아주 많은 악어를 볼 수 있었지요. 하지만 역시 아메리카악어는 한 마리도 보지 못하였어요. 에버글레이즈 국립 공원은 아메리카악어와 미시시피악어가 같이 살고 있는 공원이라는 말에 큰 기대를 했는데 많이 아쉬웠지요. 안내인에게 물어보니 크로커다일이 훨씬 만나기 힘들다고 하더군요. 하지만 대부분의 관광객은 앨리게이터만 봐도 만족하기 때문에 저와 같은 질문을 하는 사람은 많지 않다고 하면서 웃던 생각이 납니다.

  아메리카악어는 1975년 멸종 위기종으로 지정되었을 때, 개체 수가 300마리 미만이었으나 지금은 조금씩 회복되어 갑니다. 언제일지 모르지만 이다음에 다시 미국 남동부 지역을 방문하게 되면 야생 아메리카악어를 만날 수 있으면 좋겠습니다.

7

해파리 찾아 삼만 리 짱수거북

바다거북도 여러 종류가 있어요. 매부리바다거북, 초록바다거북, 붉은바다거북, 켐프각시바다거북, 장수거북 등이 있지요. 안타깝게도 바다거북 대부분이 멸종 위기종으로 분류되어 있어요. 그중 장수거북은 가장 시급히 보호가 필요합니다.

장수거북은 다른 거북과는 모습이 조금 달라요. 장수거북은 마치 담수 거북인 자라처럼 등딱지가 딱딱하지 않고 부드러운 가죽으로 등이 덮여 있어요. 등껍질 아래는 작은 뼛조각들이 콜라겐 섬유로 연결되어 있어서 유연하게 수축해요. 이러한 몸의 구조 덕분에 장수거북은 등딱지의 부피를 조절할 수 있어서 아주 깊은 바다까지 잠수할 수 있지요.

등딱지가 부드러우면 왜 깊은 곳까지 잠수할 수 있냐고요? 생물이 깊은 바닷속으로 잠수하게 되면 주변을 에워싸고 있는 물의 무게 때문에 몸 전체에 압력을 받게 돼요. 이것을 물의 압력, 즉 수압이라고 하죠. 물속 10미터 아래로 들어갈 때마다 수압이 1기압씩 증가합니다. 1기압은 해수면에서의 평균 공기의 압력을 뜻하는 거예요.

최근의 보고에 따르면 서태평양에 사는 장수거북 한 마리가 바닷속 1344미터까지 잠수하였다고 해요. 이것은 바다거북이 가장 깊은 바닷속까지 잠수한 신기록입니다. 그전까지의 기록은 2006년 다른 장수거북이 세운 1280미터라고 하네요.

용감한 장수거북이 세운 잠수 신기록인 해저 1344미터의 수압은 134.4기압 정도에 해당합니다. 이것은 정말 상상하기 힘들 정도로 큰 압력이에요. 강한 물살을 쏘아서 찌든 때를 제거할 수 있는 고압 세척기에서 나오는 물살의 압력이 100기압 정도 돼요. 그렇다면 바닷속 1344미터까지 잠수하면 온몸에 고압 세척기에서 나오는 물살을 맞는 것보다 더 센 압력이 가해지겠지요?

다른 바다거북이 가지고 있는 딱딱한 등딱지는 이러한 강한 압력에서는 깨질 수 있어요. 하지만 장수거북은 등딱지가 유연한 가죽으로 되어 있기에 이런 깊은 바닷속에서는 등딱지의 모양이 납작하게 바뀌어 압력에 적응할 수 있도록 합니다. 강한 폭풍이 몰아칠 때 이리저리 휘어질 수 있는 갈대는 살아남지만 구부러지지 않는 참나무는 쓰러지고 마는 것과 비슷하다고나 할까요?

아, 장수거북의 잠수 깊이는 어떻게 측정하냐고요? 인간이 잠수할 수 있는 한계가 100미터 정도니 장수거북과 같이 다이버가 잠수하여 수심을 측정하는 것은 불가능하지요. 물론 잠수정은 5000미터 이상 잠수할 수 있지만 장수거북의 잠수 깊이를 측정

shutterstock ©Molly Altschwager

장수거북은 등딱지가 부드러워 아주 깊은 바닷속까지 잠수할 수 있어요.
최고 기록은 1344미터까지 잠수한 거예요.

하기 위해 비싼 잠수정을 이용하는 것은 적절하지 않겠지요? 과학자들은 장수거북의 행동 양식을 측정하기 위해 신호 송신기를 장수거북의 몸에 부착합니다. 물론 이 송신기의 접착 방식은 장수거북의 몸에 해를 끼치지 않으니 안심하세요. 이 송신기는 장수거북의 잠수 패턴과 수압 측정계를 통한 수심 정보까지 측정하여 인공위성으로 신호를 보낸다고 해요. 최근에는 IT 기술의 발전으로 송신기가 더 개선되어 장수거북의 섭식 모습 등을 동영상으로 기록하여 보낼 수도 있다고 합니다.

장수거북은 이러한 가죽으로 된 등딱지 덕분에 장수거북이라는 이름도 얻게 되었어요. 장수거북의 장수는 오래 산다는 장수(長壽)가 아니고 튼튼한 가죽 갑옷을 입고 군사를 거느리는 우두머리인 장수(將帥)라는 뜻입니다. 장수거북은 평균 수명이 150년 이상으로 바다거북 중 가장 오래 장수하는 것으로 알려져 있죠.

그런데 장수거북은 왜 이렇게 깊이 잠수할까요? 이들은 주로 해파리와 같은 부드러운 몸을 가진 해양 생물을 먹고 삽니다. 여러분은 해파리를 먹어 보았나요? 저는 중국집의 해파리냉채를 무척 좋아하는데요, 칼로리가 적어서 다이어트 식품으로 좋지요.

저야 다이어트 식품을 먹으면 살이 찌지 않아서 좋지만 장수거북은 어떨까요?

영양가가 거의 없는 해파리를 주식으로 먹는 장수거북은 놀랍게도 하루에 자기 체중의 73%에 해당하는 해파리를 먹어야 한다고 해요. 게다가 장수거북은 덩치가 엄청나게 커요. 어른 장수거북은 몸길이가 2미터 정도에 몸무게가 450킬로그램 정도가 평균이고 큰 녀석은 몸길이가 3미터에 900킬로그램까지도 나간다고 하네요. 그렇다면 하루에 약 330킬로그램의 해파리를 먹어야 하지요. 이들이 하루 평균 13시간 30분 정도를 먹이 사냥에 쓴다고 하니 한 시간에 약 24킬로그램의 해파리를 사냥해야 합니다. 그러니까 눈 뜨고 있을 때는 계속 해파리를 찾아다녀야 한다는 계산이 나와요. 그 때문에 장수거북은 불쌍하게도 해파리를 찾아 해저 1000미터 이상 잠수할 필요가 있다는 것이지요.

미끄러운 해파리를 주로 먹고 살아야 하기에 장수거북의 식도 내부에는 가시가 잔뜩 돋아나 있어요. 기껏 심해까지 잠수해서 찾아낸 해파리가 물커덩물커덩 모양을 바꾸어 목구멍에서 빠져 도망가는 것을 막기 위해 진화한 것이지요. "하루라도 책을 읽지 않으면 입안에 가시가 돋는다."라는 『명심보감』의 한 구절이 생각납니다. 물론 장수거북은 책을 읽을 수 없지만요.

다 자란 암컷 장수거북이 카리브해 섬의 모래 해변에 도착했어요.
모래 속 깊은 곳에 알을 낳는대요.

모든 바다거북 종이 기후 변화에 취약하지만 이렇게 독특하고 재미있는 생태를 보여 주는 장수거북이 바다거북 중에서 가장 기후 변화에 취약합니다. 지금부터 그 이유를 알아볼까요? 가장 큰 이유는 역시 장수거북의 독특한 식성 때문입니다. 장수거북은 해파리를 즐겨 먹는 탓에 해파리를 찾아 심해까지 잠수도 하지만 멀리 이동도 해야 하지요. 장수거북이 산란하고 번식하는 장소는 열대 지방이지만 해파리를 찾아 고위도까지 멀리 이동해야 할 때가 많아요. 그래서 전 세계의 다양한 해양 환경 변화에 더 많이 노출되지요.

 실제로 기후 변화 때문에 발생하는 기온 상승은 극지방의 해양에서는 해빙이 녹아 떠내려가서 북극곰과 같은 대형 포유류의 생태에 악영향을 미칩니다. 온대 지방의 해양에서는 기온 상승으로 인해 열대 해양 생물들이 침입하면서 온대 지방의 생태계 구조를 근본적으로 변하게 만들어요. 열대 지방의 해양에서는 수온 상승으로 인해 산호가 하얗게 변해 죽어 가는 백화 현상이 일어납니다. 이렇게 기후 변화는 비단 한 지역의 해양 생태계에만 악영향을 미치는 것이 아니고 바다 전체에 동시다발적으로 큰 영향을 끼칩니다.

　장수거북의 주된 먹이가 되는 해파리는 작은 물고기나 갑각류도 먹지만 주로 플랑크톤을 섭취해요. 대기 중 이산화 탄소가 증가하면 이산화 탄소가 바닷물에 녹아 들어가 바닷물을 산성화시키죠. 그러면 해파리의 먹이가 되는 일부 플랑크톤의 골격 형성이 어려워질 수 있어요.

　장수거북의 알도 다른 바다거북과 마찬가지로 부화 온도에 따라 성별이 결정됩니다. 약 29.4도가 한계 온도로 이때는 암수 비율이 50:50으로 태어나지요. 하지만 30도 이상에서는 100% 암컷 장수거북만 태어난다고 해요. 지구 온난화로 암컷의 비율이 증가하고 있어 장기적으로 장수거북 개체군에 심각한 위협이 될 수 있어요.

　기후 변화로 장수거북의 북반구 북방 한계선은 점점 올라가고 있어요. 지난 20년간 북대서양에서 장수거북의 서식 범위가 약 400킬로미터 정도 북상하였다고 합니다. 장수거북이 좋아하는 먹이인 해파리의 분포가 변화함에 따라 장수거북이 해파리를 따라서 쫓아오기도 해요. 또 기존의 열대 지방 산란지가 기후 변화로 위협받으면서 장수거북이 새로운 산란지를 찾아 북쪽으로 헤엄쳐 올라오고 있는지도 모릅니다.

어린 장수거북이 알에서 깨어난 지 몇 분 만에 바다로 향해요.
30도 이상에서는 100% 암컷만 태어나기 때문에
지구 온난화로 암컷의 비율이 증가하고 있어요.

shutterstock ⓒKelly Foreman

shutterstock ⓒMuhammad IQbal

우리나라에서도 장수거북이 두어 차례 목격되었어요. 2001년 강릉 경포 해수욕장 바위 근처에서 장수거북 한 마리가 죽은 채로 발견되었지요. 몸길이 1.7미터, 몸무게 300킬로그램으로 약 350살 정도로 추정된다고 합니다. 2001년에 350살이라면 1650년생입니다. 조선 시대 17대 임금 효종이 다스리던 시대에 태어난 장수거북입니다. 과연 이 장수거북은 어디서 태어났다가 머나먼 바다를 건너 한국까지 오게 되었을까요?

앞으로도 기후 변화로 열대 지방에서 태어난 더 많은 장수거북이 우리 바다를 찾아온다면 우리는 그들을 반갑게 맞아야 할까요? 아니면 너희들이 살 곳은 여기가 아니라고 돌려보내야 할까요? 우리 모두 고민해 보아야 할 문제인 것 같습니다.

8

아빠의 사랑으로 유명한 남극의 신사 황제펭귄

우리 집 아이들이 어렸을 때 즐겨 보던 애니메이션이 있습니다. 바로 〈해피 피트〉라는 황제펭귄이 주인공으로 나오는 애니메이션이에요. 무척 재미있어서 저도 여러 번 아이들과 같이 보았지요. 20년 가까이 된 영화인데 아직도 DVD를 버리지 않고 있었네요. 오랜만에 다시 보았는데 여전히 재미있고 따뜻한 감동을 주는 명작입니다.

〈해피 피트〉에 나오는 황제펭귄의 사회에서는 '하트송'이라는 노래를 이용하여 수컷과 암컷이 서로 짝을 찾아요. 주인공인 어린 황제펭귄 멈블은 불행히도 노래를 못하지만 탭 댄스를 출 수 있는 특별한 재능이 있지요. 그즈음 멈블이 속한 황제펭귄 사회는 심각한 먹이 부족으로 곤란을 겪고 있었어요. 그런데 멈블의 탭 댄스가 펭귄 사회에 유행하자 어른 펭귄들은 탭 댄스가 물고기 부족의 원인이라고 생각하고 멈블을 추방합니다.

멈블은 물고기 부족의 진짜 원인을 찾아 나섭니다. 인간의 어선을 발견하고 쫓아갔다가 플로리다 해양 공원에 갇히지만 탭 댄스를 통해 인간들과 소통하게 돼요. 멈블은 남극 고향으로 인간 연구팀을 데려오고, 연구팀이 중계방송으로 보여 준 펭귄들의 단체 탭 댄스는 전 세계인의 관심을 불러일으키지요. 펭귄 사회에 닥친 식량 부족의 심각성을 깨달은 인간들은 남극해에서 물고기를 마

출처: 〈해피 피트〉(2006) 영화 포스터

어린 황제펭귄 멈블은 음치이지만
탭 댄스를 출 수 있는 특별한 재능이 있어요.
친구들이 멈블의 탭 댄스를 따라 하네요.

구 잡는 것을 멈추어 펭귄들의 먹이 부족 문제가 해결됩니다. 재미있고 감동적인 이야기이니 한번 찾아서 보기를 추천드려요.

〈해피 피트〉의 특별한 점은 인간이 다른 동물을 일방적으로 보호하는 존재가 아니라 지구상에서 함께 살아가는 하나의 종으로서 동물을 존중하면서 돕고 사는 모습을 보여 준 것입니다. 제가 이 책을 통해 나누고 싶은 이야기도 이와 같아요. 인간이 지구에 사는 만물의 영장으로서가 아니라 지구를 다른 동물과 나눠서 사용하는 한 종의 동물로서 다른 동물과 지속 가능한 공존을 도모해야 한다는 메시지를 말하고 싶어요. 자, 그러면 이제 애니메이션 속의 황제펭귄이 아닌 진짜 남극에 사는 황제펭귄에 대해 알아볼까요?

애니메이션에 나왔던 것처럼 황제펭귄은 큰 집단 사회를 이루어 생활하는 동물입니다. 이 황제펭귄 군집을 '루커리'라고 부르는데 일반적으로 5000마리, 많게는 25000마리의 황제펭귄이 하나의 루커리에 속해 있어요. 황제펭귄은 남극 대륙에 사는 펭귄 중 가장 덩치가 커요. 평균적으로 키가 115센티미터, 몸무게는 30킬로그램 정도 됩니다. 이들은 영하 60도의 혹한과 시속 200킬로미터 강풍도 견딜 수 있는 강인한 신체를 가지고 있어요. 아무리 덩치가 크고 튼튼해도 영하 60도는 견디기 힘들 거 같다고요?

shutterstock ©Dai Mar Tamarack

황제펭귄은 큰 집단 사회를 이루어 생활해요. 이 군집을 '루커리'라고 부르는데 일반적으로 5000마리, 많게는 25000마리의 황제펭귄이 하나의 루커리에 속해 있어요.

황제펭귄은 혹독한 강추위에 대응하기 위해 '허들링'을 해요.
허들링은 황제펭귄들이 빽빽하게 모여 서서
서로의 체온을 나누어 추위를 막는 행동이지요.

shutterstock ⓒDanita Delimont

황제펭귄은 사회적인 동물이기 때문에 혹독한 강추위에 대응하기 위해 '허들링'을 해요. 허들링은 황제펭귄들이 빽빽하게 모여 서서 서로의 체온을 나누어 추위를 막는 행동이지요. 허들링을 하는 동안 황제펭귄들은 계속해서 추운 자리에서 따뜻한 자리로 번갈아 가며 위치를 바꾸지요.

황제펭귄의 허들링 이야기를 하니 갑자기 중학생 시절이 생각납니다. 제가 중학생이던 때에는 교실 한가운데에 석탄을 때는 난로를 설치하여 난방을 했어요. 난로에서 멀리 떨어진 자리에 앉아 있던 저는 수업 시간 내내 추위에 벌벌 떨다가 수업이 끝나

자마자 몸을 녹이기 위해 난로 곁으로 달려갔어요. 하지만 번번이 난로 근처의 친구들이 자리를 양보해 주지 않아 야속했던 기억이 납니다. 황제펭귄들이 한국의 중학생보다 훨씬 훌륭한 사회생활을 하는 것일까요?

황제펭귄은 또한 아빠의 사랑으로 유명합니다. 황제펭귄 암컷은 한 번에 하나의 알을 낳아 수컷에게 전달합니다. 수컷은 알을 발 위에 올려놓고 복부의 피부 주름으로 알을 덮어 따뜻하게 보호하지요. 영하 60도, 시속 200킬로미터의 강풍이 부는 환경에서 수컷 황제펭귄들이 벌벌 떨면서 어깨를 다닥다닥 붙이고 36도의 체온을 유지하면서 알을 품는 것입니다. 더 놀라운 사실은 이러한 알을 품는 기간이 3개월가량 계속되는데 수컷 황제펭귄들은 그동안 먹이를 먹지 않고 버틴다는 거예요. 수컷 황제펭귄은 이러한 힘든 과정 때문에 알을 품는 기간 동안 체중이 절반 가까이 줄어든다고 합니다.

애니메이션 〈해피 피트〉에서 주인공 멈블의 아빠는 멈블이 노래를 못하는 이유가 알을 품고 있던 시절 실수로 알을 눈 속에 떨어뜨렸기 때문이라고 생각하지요. 그래서 커다란 죄책감을 가지 황제펭귄은 아빠의 사랑으로 유명해요.
아빠가 알을 품는 기간이 3개월가량 계속되는데
그동안 먹이를 먹지 않고 버틴다고 해요.

shutterstock ⓒAltitude Visual

고 있습니다. 황제펭귄 아빠로서의 책임을 다하지 못했다고 생각하는 것이지요.

황제펭귄은 훌륭한 사회적 동물이지만 아쉽게도 기후 변화에 무척 취약합니다. 황제펭귄은 루커리라는 큰 집단을 이루어 살기 때문에 커다란 해빙이 필요합니다. 10000마리가 넘는 큰 집단이 올라가서 살려면 얼마나 큰 해빙이 있어야 할까요?

황제펭귄은 주로 육지에 들러붙어 있는 해빙인 고착빙에서 생활합니다. 이 고착빙은 해안선으로부터 최대 18킬로미터의 거리까지 멀리 생성될 수 있어요. 고착빙으로부터 바람과 해류에 의해 부서져서 떠다니는 해빙인 유빙이 만들어지게 되지요. 황제펭귄 군집의 성공적인 번식과 생존을 위해서는 녹지 않는 안정적인 해빙이 필요합니다. 기후 변화 때문에 해빙이 녹으면 황제펭귄의 알과 새끼들이 물에 빠질 수 있어요. 또한 황제펭귄은 해빙 위에서 바닷속으로 다이빙하여 물고기를 사냥하는데 해빙의 면적이 줄어들면 먹잇감을 사냥할 수 있는 장소가 부족해 생존에 위협을 받아요.

황제펭귄 집단의 건강한 생존을 위해서는 4월부터 다음 해 1월까지, 적어도 1년에 10개월은 남극의 해빙이 안정적으로 유지되어야 합니다. 아, 왜 4월부터 1월까지냐고요? 황제펭귄이 사는 남극은 남반구라 10월부터 2월까지가 여름입니다. 12월부터 1월까지는 여름의 절정기로 해빙이 녹기 시작하고, 3월까지 해빙이 더 많이 녹아 더 많은 땅이 노출됩니다. 4월부터 날씨가 추워지면서 해빙이 다시 얼기 시작하지요.

하지만 최근 기후 변화로 남극의 여름 패턴이 변하고 있다고 합니다. 남극의 온난화 현상은 남극 대륙의 서쪽과 동쪽의 양상이 조금 다릅니다. 서남극은 지구 평균보다 훨씬 빠른 속도로 온난화가 진행되고 있지요. 특히 서남극에 존재하는 남극 반도 지역은 1989년부터 2019년 사이에 평균 기온이 1.8도 상승하였으며 이는 전 지구 평균의 3배에 해당하는 엄청나게 빠른 속도입니다.

반면 동남극은 고도가 상대적으로 서남극보다 높아 그동안 서남극에 비해 상대적으로 기온이 안정적으로 유지되었어요. 하지만 최근 연구에 따르면 동남극에도 본격적으로 기후 변화가 시작된 것으로 보입니다. 더 위험한 사실은 동남극의 해빙이 서남극의 해빙보다 10배 정도 면적이 크기 때문에 남극 온난화가 장기적으로 계속된다면 남극에 사는 생물들의 생태에 더 큰 영향을 미칠 수 있어요.

shutterstock ⓒGTW

황제펭귄은 깃털에 방수 기능이 있는 기름을 발라요.
또 깃털이 물고기의 비늘처럼 겹쳐 있어 물이 쉽게 스며들지 못해요.
하지만 갓 태어난 새끼는 솜털을 가지고 있어 수영을 못해요.

황제펭귄은 꼬리 근처의 분비선에서 분비되는 방수 기능이 있는 기름을 부리를 이용해 온몸의 깃털에 골고루 발라요. 이 때문에 깃털이 물을 밀어내어 몸이 물에 젖지 않아요. 게다가 황제펭귄의 깃털은 마치 물고기의 비늘처럼 겹쳐 있어 물이 쉽게 스며들지 못하지요. 하지만 갓 태어난 새끼 황제펭귄은 깃털이 아닌 솜털을 가지고 있어요. 생후 4개월 정도가 지나야 방수 기능이 있는 깃털이 자라나기 시작해서 수영을 할 수 있지요.

2022년 11월 서남극의 남극 반도 근처 바다인 벨링스하우젠해 지역에서 해빙이 급격히 녹아내려 버리는 대참사가 일어났어요. 불행히도 몇 개월 전 태어난 새끼 황제펭귄들이 방수 기능을 가진 깃털을 갖추기 이전이었지요. 이때 10000마리 이상의 새끼들이 물에 빠져 죽은 것으로 추정됩니다. 이 불행한 사건은 기후 변화가 남극 생태계에 미치는 영향의 심각성을 알리는 경고입니다. 현재의 지구 온난화 추세가 지속된다면 2100년까지 황제펭귄 군집의 90% 이상이 멸종할 것으로 추정되어요.

〈해피 피트〉의 주인공 멈블뿐 아니라 뽀로로, 펭수 등 펭귄 캐릭터는 우리나라 사람들에게 특별히 인기가 많지요. 미래의 후손들이 귀여운 펭귄을 계속 볼 수 있도록 우리는 기후 변화를 막기 위해 더욱더 노력해야겠지요?

9

긴 팔과
붉은 털을 가진 유인원
오랑우탄

인간과 가장 가까운 유인원은 누구일까요? 침팬지일까요? 고릴라일까요? 유전학적으로, 즉 DNA 염기 서열상으로는 침팬지나 침팬지의 사촌 격인 보노보가 인간과 가장 유사하다고 합니다. 하지만 미국 피츠버그 대학 연구진은 유인원의 여러 특징을 분석해 본 결과 인간과 가장 유사한 신체적 특징을 공유한 유인원은 오랑우탄이라고 발표했어요.

분류학적으로 오랑우탄은 인간과 같은 영장목, 사람과에 속합니다. 인간과 같은 과에 포함된 것이지요. 오랑우탄은 주로 인도네시아 수마트라섬과 보르네오섬, 말레이시아령 보르네오섬 열대 우림과 이탄 습지 등에서 살고 있어요. 과거에는 동남아시아 전역과 남중국에도 살았지만 현재 서식지는 수마트라섬과 보르네오섬만으로 축소되었지요.

오랑우탄속에는 세 종의 오랑우탄이 있어요. 수마트라오랑우탄, 보르네오오랑우탄, 타파눌리오랑우탄입니다. 불행하게도 이 세 종 모두 심각한 멸종 위기에 처해 있지요. 정확한 개체 수의 파악은 힘들지만 현재 보르네오오랑우탄은 약 10만 마리, 수마트라오랑우탄은 1만 3천 마리 정도 남아 있다고 해요. 가장 심각한 멸종 위기에 처해 있는 종은 타파눌리오랑우탄입니다. 타파눌리오랑우탄은 북수마트라의 바탕 토루 숲에만 약 800마리가 남

인간과 가장 가까운 유인원은 누구일까요?
침팬지? 고릴라? 보노보? 오랑우탄?

침팬지 Pixabay

오랑우탄 Pixabay ⓒignartonosbg

고릴라 Pixabay ⓒambquinn

보노보 Pixabay ⓒhwtzll

아 있을 뿐입니다.

　가장 많이 남아 있는 보르네오오랑우탄도 1973년의 개체 수에 비해 약 80% 감소하였고, 지금도 매년 3천 마리 이상이 사라지고 있는 것으로 추정됩니다. 수마트라오랑우탄도 과거 75년 동안 개체 수가 약 80% 정도 감소하였지요. 가장 심각한 타파눌리오랑우탄은 2017년에 새로운 종으로 발견되었기 때문에 과거의 데이터가 남아 있지 않아요. 그래서 발견되자마자 아주 위급한 멸종 위기 동물로 분류되는 불행한 신종으로 기록에 남게 되었어요. 그렇다면 오랑우탄이 이렇게 멸종 위기에 맞닥뜨리게 된 이유는 무엇일까요?

　오랑우탄의 개체 수가 급격히 감소하는 가장 큰 이유는 서식지 파괴 때문입니다. 팜유 농장 개발, 목재 벌채, 도시 개발 등으로 산림이 파괴되고 있어요. 한때 우리나라도 '보르네오 가구'라는 브랜드가 인기가 있었어요. '보르네오' 하면 가구 이미지가 떠오를 정도였죠. 저희 친척 중 한 분도 인도네시아령 보르네오섬으로 이민 가서 가구 제작 사업을 하셨던 기억이 납니다. 그만큼 보르네오섬의 나무가 가구 제작을 위해 많이 벌목되었던 것입니다.

shutterstock ©Danny Ye

오랑우탄의 개체 수가 급격히 감소하는 가장 큰 이유는 서식지 파괴 때문이에요.
팜유 농장 개발, 목재 벌채, 도시 개발 등으로 산림이 파괴되고 있어요.

또한 기후 변화에 의한 산불 증가와 예측 불가능한 기상 현상 때문에 오랑우탄의 서식지가 파괴되고 있어요. 앞에서 오랑우탄의 주된 서식처는 열대 우림과 이탄 습지라고 말씀드렸지요? 이탄이 무엇인지 들어 봤나요? 이탄은 지표면 가까이에 존재하는 석탄의 일종입니다. 습지가 많은 지역에서 이끼나 관목 등이 퇴적되어 발효되면서 만들어져요. 이탄은 난방용으로 또 위스키에 독특한 향을 입히기 위해 사용됩니다. 이탄은 물을 잘 흡수하는 특성이 있어서 습윤한 환경을 유지하여 추가적인 이탄 형성을 촉진하며 이탄층이 누적되도록 하는 경향이 있어요.

그런데 이탄도 역시 탄소 함량이 높은 퇴적물이기 때문에 기후 변화로 기온이 상승하고, 엘니뇨 현상으로 특정 지역에 가뭄이 계속되면 건조하여 불이 붙을 수 있어요. 게다가 이탄은 땅 밑에 존재하기 때문에 이탄에 한번 불이 붙으면 지하로 불이 번져 표면에서는 보이지 않게 연소가 지속되어 대규모 산불로 연결될 수 있는 위험성이 있지요. 특히 2023년 엘니뇨에 의해 인도네시아에 극심한 건조 기후가 계속되었고, 이로 인해 발생한 산불 때문에 오랑우탄의 서식지가 크게 줄어들었어요.

오랑우탄이 멸종 위기에 처한 또 다른 이유는 바로 밀렵 때문입니다. 서식지 파괴로 먹이 확보에 어려움을 겪은 오랑우탄이 인간의 농작물에 손을 대기 시작하면서 인간과의 갈등이 시작되었어요. 인도네시아와 말레이시아의 과수원에서 재배하는 잭프루트와 파인애플이 주로 오랑우탄에 의해 피해를 입는다고 합니다.

인간은 농작물을 망치는 오랑우탄을 '보복 살해'라는 핑계로 죽입니다. 농부들은 정성껏 키워 낸 과일을 훔쳐 먹는 오랑우탄이 밉겠지요. 하지만 오랑우탄의 입장에서 생각해 보면 먹을 것이 없어서 굶주리던 와중에 발견한 과수원은 마치 사막에서 목마름에 고통받다가 발견한 오아시스 같지 않을까요? 과일을 먹다가 희생당한 오랑우탄을 생각하면 슬퍼집니다.

일부 사람들은 오랑우탄 고기에 특효가 있다고 생각하여 일부러 오랑우탄을 사냥하기도 합니다. 게다가 오랑우탄 새끼는 아주 수요가 많은 애완동물이기 때문에 새끼를 얻기 위해서 어미 오랑우탄을 사냥하는 끔찍한 일도 자주 벌어지고 있어요. 이렇게 여러 이유로 매년 3천 마리 이상의 오랑우탄이 사냥당하고 있다고 합니다. 정말 안타까운 일입니다.

마지막으로 가장 심각한 멸종 위기종인 타파눌리오랑우탄의 예를 들어서 개체 수의 감소가 멸종을 점점 더 가속화시키는 이

Pixabay

오랑우탄 새끼는 사람들이 좋아하는 애완동물이에요.
새끼를 얻기 위해서 어미 오랑우탄을 죽이는 끔찍한 일도 자주 벌어져요.

유에 대해서 말씀드리겠습니다. 타파눌리오랑우탄은 약 800마리밖에 남지 않았다고 하였지요? 2017년 이후 발표된 일부 연구에서는 767마리라는 좀 더 구체적인 숫자를 제시합니다. 이들은 북수마트라의 1000제곱킬로미터 정도 되는 면적에서 살고 있는데 서식지가 세 개의 블록으로 나누어져 있어요. 서쪽 블록에는 581마리, 동쪽 블록에는 162마리, 남쪽 블록에는 24마리가 서식하고 있다고 해요.

개체 수가 얼마 남지 않은 데다가 이렇게 세 곳에 나눠 서식하면 오히려 개체 수에 더 나쁜 영향을 줄 수 있습니다. 얼마 남지 않은 멸종 위기 동물인 만큼 더 다양한 서식지에 분포해야 특정 지역의 화재와 같은 불행한 사고에 의한 개체 수 감소를 막을 수 있지 않냐고요? 물론 그럴 수도 있습니다. 하지만 타파눌리오랑우탄처럼 개체 수가 심각하게 적은 경우, 이러한 서식지의 파편화가 종의 보존에 더 나쁜 영향을 미칠 수 있어요. 그 이유는 바로 유전자 다양성의 감소 문제 때문입니다.

집에서 혹시 거피와 같은 난태성 송사리류를 관상어로 키워 본 적이 있나요? 처음에는 거피들이 계속 새끼를 낳아 폭발적으로 개체 수가 증가하지만 어느 순간 한두 마리씩 기형 물고기가 태어나고 점점 물고기 숫자가 줄어드는 것을 경험할 수 있을 것입

타파눌리오랑우탄은 가장 심각한 멸종 위기종이에요.
북수마트라의 바탕 토루 숲에만 약 800마리가 남아 있어요.

니다. 이것은 바로 외부의 유전자가 유입되지 못해 유전자 풀이 닫힌 집단에서 유전자 다양성이 감소하기 때문에 생기는 현상입니다.

개체 수가 작은 집단에서는 가까운 친척 간 교배 가능성이 높아져서 유해한 열성 유전자가 발현될 확률이 증가합니다. 또 유해한 돌연변이가 제거되지 않고 집단 구성원의 유전자에 계속 축적될 수 있지요. 이러한 요인들이 복합적으로 작용하기 때문에 작은 집단은 멸종 위험이 높아져요.

타파눌리오랑우탄은 이러한 이유 때문에 더욱더 심각한 멸종 위기에 처해 있고 일부 전문가들은 타파눌리오랑우탄의 멸종은 불가피할 것으로 예측합니다. 지금 남은 타파눌리오랑우탄의 서식지 보전과 나누어진 세 집단의 연결성 확보를 위한 조치를 긴급히 취하지 않으면 이들을 더 이상 만나지 못할 수도 있어요.

10

대나무를 맛있게 먹는 인기 스타
판다

판다 좋아하나요? 판다는 우리나라에서도 많은 팬을 확보하고 있지요. 자이언트판다 또는 대왕판다라고 불리기도 합니다. 판다는 현재 야생에서는 중국에서만 살고 있어요. 판다는 중국 남서부의 쓰촨성, 산시성, 간쑤성의 산악 지방이 주된 서식지이지요.

판다가 주인공으로 나오는 애니메이션 〈쿵푸팬더〉를 기억하지요? 애니메이션에서 묘사된 주인공 판다가 사는 곳도 아름다운 쓰촨성의 산악 지방을 배경으로 디자인되었다고 해요. 주인공 판다인 포가 쿵후를 연습하던 안개가 많이 끼어 있는 몽환적인 배경이 기억납니다. 판다 서식지는 해발 1200미터 이상의 고지대이기 때문에 서식지의 분위기를 아주 잘 재현한 장면이라고 생각해요.

판다는 주로 대나무를 먹고 살아요. 잡식성인 만큼 간혹 작은 동물이나 과일 등을 먹기도 하지만 식단의 95% 이상이 대나무라고 해요. 대나무는 영양가가 적기 때문에 많은 양을 먹어야 충분한 칼로리를 섭취할 수 있지요. 판다는 하루에 10킬로그램 이상의 대나무를 먹으며 많게는 40킬로그램까지 먹을 수 있다고 합니다.

Pixabay ⓒNavigirl

판다는 주로 대나무를 먹고 살아요.
하루에 10킬로그램 이상의 대나무를 먹으며
많게는 40킬로그램까지 먹을 수 있다고 해요.

판다의 체중은 수컷은 평균 115킬로그램 정도 되고 암컷은 평균 85킬로그램 정도 됩니다. 이런 몸무게라면 인간의 몸무게와 크게 다르지 않은데 (제 주변에는 100킬로그램 넘는 친구들이 좀 있습니다. 저는 아니지만요.) 40킬로그램이나 먹는다니 잘 믿어지지 않네요. 판다는 몸길이도 인간과 비슷해서 수컷은 150~180센티미터, 암컷은 120~150센티미터 정도 됩니다. 하지만 갓 태어난 판다의 새끼는 무척 작습니다. 몸무게가 약 100그램 정도니 인간과 많이 다르지요?

중국의 개발 정책으로 인해 2100년까지 친링 산맥의 판다 서식지가 절반 이상 줄어들 것으로 예측된다고 해요. 게다가 기후 변화는 판다에게도 역시 큰 영향을 미쳐요. 지구 온난화 때문에 평균 기온이 상승해 대나무 서식지가 점점 더 높은 고도로 이동하고 있어요. 대나무는 여름 기온이 너무 높은 곳에서는 살 수 없거든요. 여름 평균 기온 24도, 연간 강수량 1000밀리미터 정도의 조건에서 대나무가 번식할 수 있어요.

기후 변화로 저지대의 대나무는 크게 줄어들고 고지대의 대나무만 남게 되면 대나무를 찾아서 고지대로 이동한 판다 집단이 파편화될 수 있어요. 타파눌리오랑우탄의 경우와 마찬가지로 판다 집단 간의 상호 교류가 단절되면 먹이 경쟁이 심해지고, 작은

지구 온난화 때문에 평균 기온이 상승해
대나무 서식지가 점점 더 높은 곳으로 이동하고 있어요.
판다는 대나무를 찾아 고지대로 이동해야 하고,
먹이 경쟁이 점점 심해져요.

Pixabay ⓒHuang241

집단 안에서 근친 교배가 일어납니다. 그러면 유전자 다양성이 줄어들고 열성 유전자가 발현되어 판다의 건강이 악화되어요. 결국 집단의 개체 수에 악영향을 미치게 되죠.

이렇게 야생 판다 집단이 맞닥뜨리게 된 위기를 극복하기 위해 중국은 적극적으로 판다 보호 정책을 펼치고 있어요. 1963년 워룽 판다 자연 보호 구역을 지정한 이후 현재 67개의 판다 자연 보호 구역이 유지되고 있지요. 이뿐만 아니라 판다 연구 기지를 여럿 설립하여 판다 유전자 연구, 인큐베이터를 이용한 새끼 판다 양육 등의 연구를 활발히 진행하고 있어요.

1987년에 설립된 쓰촨성의 청두 판다 연구 기지는 판다의 인공 수정에 성공하여 세계 최초로 쌍둥이 판다를 출생시켰어요. 현재 이곳에는 약 200마리의 판다가 살고 있어 관광객들이 많이 방문하는 인기 관광지라고 합니다. 이렇게 연구소에서 인공 수정으로 태어나거나 야생에서 도태되어 포획된 판다들의 야생 적응 능력을 키워 주는 사업은 워룽 판다 연구 기지에서 전담하고 있어요.

중국 정부는 이러한 판다 연구 기지와 판다 보호 구역의 운영을 위해 아주 효과적인 제도를 마련했어요. 바로 판다 '대여' 프로그램입니다. 외국의 동물원에 판다를 대여하고 1년에 판다 한 쌍당 100만 달러를 임대료로 받고 있지요. 중국 정부는 판다 임대료를 판다 연구 기지의 운영에 사용합니다. 판다의 임대 조건은 무척 까다로워서 새끼가 태어나도 소유권은 중국에 있어요.

에버랜드에서 태어난 판다 푸바오를 기억하지요? 푸바오의 부모인 아이바오와 러바오는 한중 판다 보호 협력에 의해 에버랜드에 임대되었어요. 물론 한국은 판다 한 쌍당 14억 원(100만 달러) 정도의 임대료를 중국 정부에 해마다 지불하고 있지요. 푸바오는 한국의 동물원에서 태어났지만 판다의 소유권 문제 때문에 중국으로 돌아가야 했어요. 중국에서 푸바오를 불러들이는 이유는 만 4세가 되기 전에 중국의 판다 번식 프로그램에 참여해야 하기 때문이지요. 현재 푸바오는 워룽 선수핑 기지에서 수컷 판다들과 잘 지내고 있지만 아직 짝짓기 여부는 확인되지 않고 있어요.

중국 정부는 판다의 개체 수가 줄어들기 전에는 판다를 임대가 아닌 증여 형식으로 다른 나라에 기증하였어요. 중국의 외교에 판다가 굉장히 중요한 역할을 했던 것이지요. 현재 멕시코에 중국의 통제 밖에 있는 판다 한 마리가 살고 있는데 이름은 '신신'이에요. 1975년 멕시코와 중국의 수교 기념으로 중국이 멕시코에 기증한 '잉잉'과 '베이베이'의 손녀로 현재 30대 중반의 할머니 판다입니다. 잉잉과 베이베이는 1981년 암컷 판다 '토후이'를 낳았고 런던 동물원에서 멕시코로 온 '샤샤'와 '토후이' 사이에서 신신이 태어났죠. 신신은 남미의 유일한 판다로서 지금도 멕시코 차풀테펙 동물원의 가장 인기 있는 스타라고 합니다.

사실 멕시코의 신신 말고도 중국의 영향력 밖에 있는 판다 세 마리가 타이완에 살고 있어요. 2008년 중국에 우호적인 국민당 마잉주 총통이 집권하면서 이전에 중국의 후진타오 주석이 제안하였던 판다 기증이 실현되어 '퇀퇀'과 '위안위안', 한 쌍의 판다가 타이완으로 이주하였죠. 이 두 판다는 중국과 타이완 사이의 화해의 상징물로 여겨졌어요.

퇀퇀과 위안위안의 이름을 합치면 퇀위안으로, 중국어로 '떨어져 있다가 다시 만난다'라는 뜻입니다. 무척 정치적인 이름이지요? 퇀퇀과 위안위안은 '위안자이'와 '위안바오' 두 마리의 암컷 판다를 낳았어요. 안타깝게도 퇀퇀은 2022년 뇌종양 투병 끝에 타이베이 동물원에서 사망했어요. 하지만 위안위안은 아직 건강해서 두 딸과 같이 잘 지내고 있습니다.

shutterstock ⓒForeverhappy

에버랜드에서 태어난 판다 푸바오를 기억하지요?
임대를 통한 방식으로 판다 외교가 이루어졌고,
종 번식을 위해 푸바오는 중국으로 돌아가야만 했어요.

좀 더 많은 곳에서
판다를 쉽게 만나 보고 싶어요.

shutterstock ⓒAbdulManan786

shutterstock ⓒForeverhappy

멕시코로의 판다 기증도 사실 멕시코가 1971년 타이완과 외교를 끊고 중국을 UN 가입국으로 승인하였기 때문에 이루어진 것입니다. 멕시코의 신신은 이제 너무 늙어서 후손을 볼 수는 없을 것이고 오늘날 타이완과 중국 사이의 관계를 보면 타이완에 남은 두 마리의 젊은 암컷 위안자이와 위안바오가 상대를 만나 짝짓기를 하여 후손을 보기는 어려울 것 같아요.

아직 완전히 멸종 위기에서 벗어났다고는 할 수 없는 귀한 동물 판다가 정치적으로 이용되는 것이 안타까워요. 그래도 중국의 판다 보호 정책이 성공적으로 수행되어 앞으로 좀 더 많은 곳에서 판다를 쉽게 만나 볼 수 있으면 좋겠습니다.

생명을 대하는 자세 1_기후 변화와 멸종 위기 동물
지구가 더워져서 판다가 많이 아파?

초판 1쇄 발행 2025년 9월 25일
글 신인철 | **그림** 박보은 | **편집** 이해선 | **디자인** 신병근 | **제작** 세걸음
펴낸곳 다정한시민 | **펴낸이** 이해선 | **출판신고** 2024년 3월 4일 제 2024-000039호
주소 서울시 마포구 월드컵북로 400 서울경제진흥원 5층 출판지식창업보육센터 6호실 | **전화** 070-8711-1130
팩스 070-7614-3660 | **이메일** dasibooks@naver.com | **블로그** blog.naver.com/dasibooks

인쇄·제본 상지사 P&B

ⓒ 신인철 2025
ISBN 979-11-94724-07-0 (44490) | 979-11-94724-06-3 (세트)

이 책은 저작권법에 따라 보호받는 저작물이므로 저작권자와 출판사의 허락 없이 이 책의 내용을 복제하거나 다른 용도로 쓸 수 없습니다.
책값은 뒤표지에 있습니다. 잘못 만들어진 책은 바꾸어 드립니다.
KC마크는 이 제품이 공통안전기준에 적합하였음을 의미합니다. | 사용 연령: 7세 이상 | 종이에 베이거나 긁히지 않도록 조심하세요.